Autori
Marco Mezzadri, Paolo E. Balboni.

Hanno curato le sezioni di Fonologia Marco Cassandro e di Civiltà Giovanna Pelizza.

Le sezioni di valutazione e autovalutazione sono a cura di Mario Cardona.

Hanno curato Rete! Junior Paola Begotti e Graziano Serragiotto

In collaborazione con: *Èulogos*®

Illustrazioni: Luca Grazzini

Fotografie: Massimo Marini

Si ringraziano per la preziosa collaborazione e disponibilità il Preside, Prof. Antonio Labonia, gli insegnanti e gli studenti della Scuola Media Statale "B. Bonfigli", sezione di San Mariano, Corciano (PG).

Marco Mezzadri   Paolo E. Balboni

Corso multimediale d'italiano per stranieri

[parte A]

Guerra Edizioni

I edizione
© Copyright 2005 Guerra Edizioni - Perugia

ISBN 88-7715-771-2

3.   2.
2007 2006 2005

Stampa
Guerra guru s.r.l. - Perugia

Guerra Edizioni
via Aldo Manna, 25 - Perugia (Italia) - tel. +39 075 5289090 - fax +39 075 5288244
e-mail: geinfo@guerra-edizioni.com - www.guerra-edizioni.com

INTRODUZIONE

Perché una "Rete!"

Questo manuale nasce dall'intersezione tra tre forze:

a. da un lato esso nasce nell'alveo della tradizione di didattica dell'italiano:
è organizzato in unità didattiche monotematiche, attribuisce un ruolo chiave alla scoperta
della complessità della nostra grammatica, affianca testi della vita quotidiana e testi letterari,
offre largo spazio alla cultura e civiltà del nostro variegato paese, e così via;

b. d'altro canto esso trasporta questa tradizione su uno sfondo europeo, facendo proprie le lezioni
della didattica dell'inglese, del francese e del tedesco: il curricolo è progettato con riferimento
al Livello Soglia del Consiglio d'Europa ed è basato su un impianto "multisillabo", cioè sull'interazione
e l'equilibrio di un sillabo grammaticale/strutturale, uno nozionale/funzionale, uno lessicale,
uno relativo allo sviluppo delle abilità di ascolto, parlato, lettura e scrittura, un sillabo situazionale,
uno fonetico, uno culturale; tutti questi sillabi, che l'insegnante ha a disposizione in un'ampia sinossi,
conducono ad un livello intermedio/avanzato e si realizzano sul piano metodologico per mezzo di
un approccio basato sulla soluzione di problemi e sul "fare con" piuttosto che "lavorare su" la lingua;

c. infine, si mettono in pratica alcune delle linee più avanzate della ricerca glottodidattica italiana:
l'approccio induttivo alla grammatica, che viene scoperta dallo studente sotto la guida
dell'insegnante; il fatto che l'accuratezza della forma ha pari dignità della capacità meramente
pragmatica, comunicativa; l'invito a riflettere su quanto si è appreso (ogni unità si conclude
con una sintesi in cui lo studente traccia un bilancio facendo preciso riferimento contrastivo
con la propria lingua madre). L'autovalutazione, sebbene guidata e controllata dal docente,
è ritenuta essenziale per cui ogni UD ha una scheda di autovalutazione da compilare, ritagliare,
consegnare all'insegnante.

Queste tre direttrici agiscono sullo sfondo creato dal vorticoso mutare degli strumenti:
se da un lato si tratta di un manuale "tradizionale", in volumetti per la classe e altrettanti quaderni
per l'approfondimento a casa e in classe, con cd, cassette, ecc., dall'altro si colloca nel mondo nuovo
in cui è possibile fornire:

- floppy con esercizi supplementari;

- collegamenti in rete per approfondimento dei temi trattati nelle unità (indicati con un simbolo),
in modo che lo studente che ha accesso a un computer possa approfondire i temi usando l'italiano
in rete, oltre che studiandolo sul libro, e costruire, insieme alla propria classe, all'insegnante o

autonomamente, scambi con altri studenti e classi sulla base di progetti didattici stimolati dagli argomenti trattati in **Rete!**;

- una banca dati presso il sito Guerra per l'aggiornamento dei materiali di civiltà, per ulteriori attività, esercizi, ecc., con cui integrare il libro base;

- un "luogo comune" in rete in cui gli insegnanti che usano **Rete!** possono fare commenti, suggerire alternative, fornire integrazioni, dialogare tra di loro e con gli autori.

Per queste sue caratteristiche, per il fatto di essere il risultato di una rete dei fili che hanno percorso la glottodidattica italiana ed europea in questi anni e di essere il centro di una rete di connessioni virtuali tra studenti e docenti di italiano di tutto il mondo, il titolo Rete! non è solo un omaggio al momento più entusiasmante dello sport preferito degli italiani (uno sport che è ambasciatore di italianità in tutto il mondo, dove anche chi non conosce Dante e Goldoni sa mormorare Buffon o Totti), ma è l'essenza stessa del progetto, costruito sulla trama della tradizione e l'ordito dell'innovazione.

La struttura di "Rete!" Junior

Rete! Junior si compone di:
- libro di classe e dell'approfondimento (due volumi: parte A e parte B)
- guida per l'insegnante (volume unico)
- cd e cassette audio
- applicazioni per Internet
- una serie di materiali collaterali che, anno dopo anno, allargheranno la possibilità di scelta di materiali integrativi.

Rete! Junior si rivolge a pre-adolescenti e adolescenti (fino a circa 15 anni di età).
Il libro di classe è la parte principale del testo per l'utilizzo durante la lezione. È suddiviso in percorsi con ognuno un tema unificante, che permette di presentare gli elementi dei vari sillabi. Ogni percorso conterrà poi pagine ben definite, dedicate ad esercizi per lo sviluppo di grammatica, lessico, quattro abilità. In appendice lo studente trova una sezione di autovalutazione progressiva: esegue queste attività a casa, quindi potendo recuperare nel percorso le informazioni che ancora gli sfuggono e implicitamente procede ad un'autovalutazione, poi consegna la scheda all'insegnante che rapidamente (le chiavi sono nella guida didattica) può dare allo studente un feedback che conferma il risultato o lo mette in guardia invitandolo ad approfondire il percorso appena concluso.
Ogni percorso è suddiviso tra una sezione da svolgere in classe ed una da svolgere a casa per il lavoro autonomo di rinforzo, esercitazione, approfondimento - ma anche con cruciverba e altri giochi che mettono "in gioco" il lessico e la grammatica presentate nel percorso. Queste attività possono essere anch'esse svolte in classe. Così come in classe si possono affrontare le sezioni dedicate alla fonologia (in appendice) e alla civiltà presentate in chiave contrastiva. Gli argomenti trattati in quest'ultima sezione intendono fornire agli studenti strumenti idonei per capire la realtà italiana contemporanea, senza trascurare gli aspetti storici e culturali più importanti, eredità del nostro passato, che determinano la ricchezza del nostro presente.

La guida dell'insegnante è uno strumento pratico con note e suggerimenti per ogni percorso, con idee per attività opzionali aggiuntive, con test progressivi di verifica da fotocopiare e somministrare ogni tre percorsi per effettuare dei "compiti in classe". Le registrazioni audio sono parte integrante dello sviluppo del sillabo dell'ascolto e servono per il lavoro in classe e a casa.

Rete! Junior presenta una struttura diversa dal testo originale (Rete!1): sono state aggiunte numerose attività di grammatica e lessico nel libro dell'approfondimento e si sono modificate le sezioni contenenti materiali "difficili", sia di lettura che di ascolto. Il testo è indicato per studenti pre-adolescenti e adolescenti, grazie alle situazioni e temi trattati, nonché alla grafica, più "giovani". Alla fine del percorso formativo con Rete! Junior lo studente (di livello A2) potrà continuare lo studio dell'italiano con Rete!2 dove sono contenute indicazioni per favorire il passaggio da Rete! Junior a Rete!2.

Chi lancia la rete

Questo manuale, che di anno in anno si evolverà in una costellazione di materiali didattici tra cui l'insegnante potrà scegliere, è originale per un ultimo motivo: esso non nasce da un singolo autore o da un gruppo stabile, collaudato da anni di produzione, radicato in un luogo. Al contrario, per poter trarre vantaggio dalla pluralità delle esperienze italiane, per non rischiare di ricalcare cliché localistici o di reiterare in nuove forme impianti pre-esistenti, esso è il prodotto di una nuova rete di autori e centri di progettazione:

- la progettazione glottodidattica è condotta a Ca' Foscari, cui migliaia di docenti sono ricorsi per formazione o certificazione didattica: Paolo Balboni, direttore del Progetto Itals, ha coordinato l'impianto di Rete!;

- la delicatissima fase della realizzazione delle unità didattiche è avvenuta in una città che non rientra nel canonico asse Perugia-Siena-Venezia: Parma. All'Università di Parma opera Marco Mezzadri che ha impostato in tandem con Paolo Balboni l'impianto glottodidattico e ha curato i sillabi; sempre a Parma lavora Giovanna Pelizza che ha curato le sezioni di civiltà e seguito la realizzazione delle unità;

- a uno dei poli tradizionali per l'insegnamento dell'italiano, l'Università per Stranieri di Siena, appartiene Marco Cassandro, che ha curato il sillabo e i materiali per la fonologia;

- il centro di progettazione e realizzazione operativa invece è a Perugia, dove ha sede l'altra Università italiana per Stranieri, e si avvale dell'esperienza maturata in decenni di produzione di testi d'italiano per stranieri;

- a Ca' Foscari ha operato anche Mario Cardona, che ha realizzato le schede valutative di Rete!.

TITOLO	LIVELLO	DESTINATARI
Rete! Junior Parte A Rete! Junior Parte B	A1 A2	Adatto per pre-adolescenti e adolescenti fino ai 15 anni circa. Adatto per pre-adolescenti e adolescenti fino ai 15 anni circa. Concluso il percorso con Rete! Junior si continua con Rete!2.
Rete! Primo Approccio Parte A Rete! Primo Approccio Parte B	A1 A2	Alternativo a Rete!1. Adatto in: - corsi intensivi - corsi con obiettivi di minor approfondimento rispetto a Rete!1. Indicato per studenti di madrelingua lontana dall'italiano. Concluso il percorso con Rete! Primo Approccio si continua con Rete!2.
Rete!1	A1/A2	Alternativo a Rete! Primo Approccio. Adatto in: - corsi con buoni obiettivi di approfondimento della lingua. Concluso il percorso con Rete!1 si continua con Rete!2.
Rete!2	B1/B2	Concluso il percorso con Rete!2 si continua con Rete!3.
Rete!3	B2/C1	Concluso il percorso di Rete! portando gli studenti a un livello avanzato.
Rete! videocorso di italiano (elementare/preintermedio)	A1/A2	Il video può essere usato come integrazione del testo Rete!1. Rete! Primo Approccio, Rete! Junior. Utile per il ripasso nel passaggio da A2 a B1. Può essere usato anche come integrazione di altri corsi di lingua.
Rete! videocorso di italiano (intermedio)	B1/B2	Il video può essere usato come integrazione del testo Rete!2. Utile per il ripasso nel passaggio da B1 a B2 e da B2 a C1. Può essere usato anche come integrazione di altri corsi di lingua.

TAVOLA SINOTTICA

PERCORSO 1 — IN VIAGGIO

Funzioni
Affermare. Negare. Salutare. Presentarsi. Chiedere e dire la nazionalità e la provenienza. Chiedere e dire il nome. Chiedere e dire come si scrive una parola. Ringraziare. *Scusa/scusi*. Chiedere di ripetere. *E tu? E Lei?*

Grammatica
Pronomi personali soggetto: *io, tu, lei/lui*. Lei forma di cortesia. Presente indicativo singolare dei verbi: *essere, studiare* e *chiamarsi*. Singolare maschile e femminile degli aggettivi in *-o, -a*. Aggettivi in *-e*. Forma affermativa, negativa e interrogativa.

Lessico
Nomi, nazionalità. Alfabeto. Saluti. *Di dove? Come?*

Civiltà
Le città. Alcuni monumenti famosi.

Fonologia
I suoni delle vocali.

PERCORSO 2 — ALLA STAZIONE

Funzioni
Chiedere e dire come si dice. Chiedere e dare il numero di telefono. Chiedere e dare l'indirizzo. Chiedere l'età e rispondere. Esclamare. Esprimere meraviglia. Chiedere e dare spiegazioni. Chiedere dove si trova una località. Chiedere quando si svolgerà una determinata azione. Dire cosa c'è in un luogo. Dire che non si conosce la risposta. Rispondere quando si è interpellati.

Grammatica
Presente indicativo dei verbi: *studiare, avere, prendere, restare*. Presente indicativo plurale del verbo *essere*. C'è, ci sono. Perché, cosa, quando, quanti, qual è?. Plurale degli aggettivi in *-o, -a*. Singolare e plurale dei nomi maschili e femminili in *-o* e *-a*; numeri da 0 a 20. Ordine della frase.
Preposizioni semplici: *in* e *a* di luogo. Revisione: frase negativa con *non*.
Non lo so. Introduzione ai possessivi: *il tuo*.

Lessico
Numeri da 0 a 20.

Civiltà
L'Italia fisica. Le regioni e i capoluoghi. Le città più abitate.

Fonologia
Suoni /p/ /b/.

PERCORSO 3 — STUDIARE E LAVORARE

Funzioni
Presentarsi in modo formale. Presentare un'altra persona in modo formale. Chiedere e dire lo stato civile. Chiedere e dire il significato. Revisione: chiedere e dire l'età, la nazionalità, il numero di telefono, l'indirizzo, l'identità, chiedere e dire quante lingue si conoscono. Chiedere e dire cosa si sa fare. Chiedere e dire che lavoro si fa. Riempire formulari. Chiedere il significato di una parola. Esprimere un'opinione con secondo me.

TAVOLA SINOTTICA

Grammatica	Presente indicativo dei verbi delle tre coniugazioni. Verbo *sapere*, verbo *fare*. Ripasso preposizioni: *in* e *a*; *per* di durata. *Chi?* Ripasso degli interrogativi: *che?*, *che cosa?*, *cosa?*, *dove?*, *che tipo di?*, *cosa vuol dire?* Introduzione: articoli determinativi singolari.
Abilità	Strategie d'apprendimento: il dizionario.
Lessico	Mestieri, domande personali.
Civiltà	Il lavoro. I principali settori lavorativi.
Fonologia	Suoni e ortografia di /tʃ/ /dʒ/ /k/ /g/.

PERCORSO 4 — LA FAMIGLIA

Funzioni	Esprimere legami familiari. Parlare di abilità. Parlare di conoscenze. Chiedere di ripetere. Invitare e suggerire. Accettare l'invito. Presentare altre persone. Parlare del possesso. Chiedere il possessore. Chiedere qualcosa gentilmente. Chiedere della salute di qualcuno e rispondere. Chiedere come procede qualcosa e rispondere positivamente. Localizzare nello spazio. Esprimere accordo. Chiedere il permesso e acconsentire. Rispondere al telefono. Presentarsi quando si telefona a qualcuno.
Grammatica	*Voi* di cortesia. Revisione plurali dei nomi e aggettivi. Nomi in *-à*, articoli determinativi plurali. *Questo/a/i/e*. Verbo *andare*. *Andare + a/in*; verbo *potere* (permesso: *posso andare in bagno?*) (*può/puoi ripetere?*). Ripresa di *sapere* per abilità. Possessivi singolari con nomi di famiglia. *Molto* con aggettivi. Preposizione *di*. *Perché non...*
Abilità	Strategie d'apprendimento: prevedere.
Lessico	La famiglia: *padre, madre, uomo, donna, genitori, fratello, sorella, figlio, figlia*. Aggettivi per la descrizione fisica: *giovane, vecchio, alto, basso, magro, grasso, carino*. Numeri da 21 a 99. Lessico della classe: alcuni sostantivi.
Civiltà	La famiglia. I tipi di famiglia. I matrimoni. Genitori e figli.
Fonologia	Suoni /n/ /m/.

PERCORSO 5 — LA CASA

Funzioni	Descrivere la casa. Localizzare gli oggetti nello spazio. Dire il mese e il giorno del mese. Parlare della provenienza con *di* e *da*.
Grammatica	Preposizioni articolate. Ripasso *c'è, ci sono*. Ripasso articoli determinativi e indeterminativi se in contrasto. Nomi femminili in *-o* e tronchi. Verbi irregolari: *venire da* e *dire*. *Da* e *in* con i mesi. *Di* per la provenienza. *Abbastanza* + agg.

Abilità	Strategie d'apprendimento: prevedere 2.
Lessico	Le stanze e i mobili. *Vicino, davanti, di fianco a, di fronte a, dietro, su, sotto, tra/fra.* I mesi e il giorno del mese. Le date. *A destra* e *a sinistra*. Alcuni colori.
Civiltà	La casa. Le tipologie abitative. Il problema della casa. L'interno della casa.
Fonologia	Suoni /t/ /d/. Intonazione negativa e affermativa.

PERCORSO 6 — LA VITA QUOTIDIANA

Funzioni	Parlare delle proprie abitudini. Esprimere la frequenza. Chiedere con che frequenza si fanno determinate azioni. Dire con che frequenza si fanno determinate azioni. Chiedere l'ora. Dire l'ora. Chiedere la data. Dire la data. Chiedere che giorno è oggi. Dire che giorno è oggi. Chiedere a che ora si compie una determinata azione. Dire a che ora si compie una determinata azione.
Grammatica	Verbi irregolari: revisione di *andare* e *fare*. *Uscire*. *Verbi* di routine. Persone plurali dei riflessivi. Avverbi di frequenza. L'ora. Possessivi plurali. Aggettivi e pronomi. Aggettivi dimostrativi. *Questo* e *quello*. *Andare in/a.* Preposizioni con le date.
Abilità	Strategie d'apprendimento: comprensione globale.
Lessico	Avverbi di frequenza: *sempre, quasi sempre, di solito, spesso, a volte, raramente, quas mai, mai. Verbi di routine: svegliarsi, alzarsi, lavarsi, fare colazione, uscire di casa, cominciare a lavorare, pranzare, finire di lavorare, fare la doccia, cenare, guardare la tv, andare a letto. Lunedì, martedì, ecc. Quanti ne abbiamo oggi?* Date.
Civiltà	I locali pubblici. Orari di apertura di bar, musei, banche, uffici postali, ristoranti. I nomi delle vie.
Fonologia	Suoni /r/ /l/. Messa in risalto di un elemento nella frase.

PERCORSO 7 — IL CIBO, AL RISTORANTE

Funzioni	Parlare del cibo in diversi paesi. Fare la lista della spesa. Ripasso: chiedere ed esprimere l'appartenenza. Esprimere quantità. Raccontare una storia. Chiedere ciò che si vuole mangiare o bere. Chiedere qualcosa da bere, da mangiare o il menù. Chiedere il conto. Chiedere conferma. Chiedere delle necessità. Parlare delle necessità. Offrire.
Grammatica	*Vorrei. Volere* presente indicativo. Ripasso e ampliamento dei possessivi, dimostrativi e *di chi?*. Il partitivo *del/dei/ecc. Aver bisogno di.* Numeri ordinali. Altri plurali: *macellaio, zio, amico, virtù, crisi.*
Abilità	Strategie d'apprendimento: comprensione dettagliata.

Lessico	*Primo (piatto), secondo (piatto), antipasto, contorno, frutta, dolce, il conto.* Alcuni cibi italiani, termini indicanti cibi frequenti per la lista della spesa.
Civiltà	I pasti. Gli orari, le abitudini. I vari tipi di ristorante.
Fonologia	Suoni e ortografia di /ɲ/ /ʎ/ /ʃ/. Accento nelle parole.

PERCORSO 8 — IL TEMPO LIBERO

Funzioni	Parlare di eventi passati. Chiedere informazioni sul passato. Parlare del tempo libero. Collegare frasi. Chiedere e dare informazioni sul mezzo di trasporto. Indicare i mesi, le stagioni, gli anni, i secoli. Dire quando si è svolta un'azione nel passato.
Grammatica	Participio passato di verbi regolari e irregolari. Passato prossimo con *essere* e *avere*. *Nel* + anno, *in* + stagioni. *In* + mezzi di trasporto.
Abilità	Strategie d'apprendimento: collegare le frasi. Scrivere una storia.
Lessico	Espressioni di tempo passato. Gli anni e le stagioni. Attività del tempo libero. Lessico per descrivere sensazioni legate al tempo libero. *Poi, prima.*
Civiltà	Il tempo libero. Passato e presente.
Fonologia	Suoni /f/ /v/ /s/ [z].

Questo simbolo rimanda al sito internet di Rete! www.rete.co.it. È un modo nuovo di intendere la civiltà, una possibilità in più per voi e i vostri studenti. Lì troverete, inoltre, collegamenti a siti relativi agli argomenti trattati nelle unità e attività didattiche per lo sviluppo della lingua attraverso gli elementi di civiltà che i siti web offrono.

🎧	ascoltare
💬	parlare
◈	leggere
▭	scrivere
🔍	approfondimento

PERCORSO INTRODUTTIVO

1. Guarda la mappa geografica e con l'aiuto del tuo insegnante indica
   i paesi dove si parla italiano.

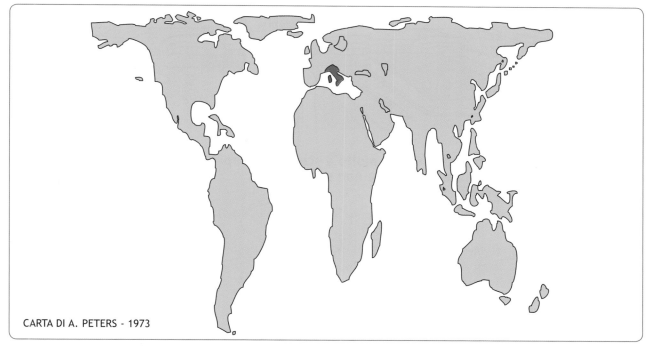

CARTA DI A. PETERS - 1973

2. Guarda i disegni: conosci la parola in italiano?

3. Scrivi le parole che conosci già in italiano.

....
....
....
....

 4. Giochiamo! Chiedete all'insegnante come si gioca.

5. Ci sono espressioni che si usano molto a scuola: a coppie mimate il significato e chiedete all'insegnante quello che non sapete.

CHIUDETE I VOSTRI LIBRI

APRITE I VOSTRI LIBRI

PRONTI

ALZATEVI

SEDETEVI

SCUSI

GRAZIE

PER FAVORE

ASCOLTATE

GUARDATE

LEGGETE

SCRIVETE

Guarda le foto: questi due ragazzi ti aiuteranno a imparare l'italiano nei percorsi del libro.

PERCORSO 1
IN VIAGGIO

1. Ascolta il dialogo e trova la risposta corretta.

1 Nome della ragazza: (A) Francisca   (B) Marta   (C) Anne
2 Nome del ragazzo: (A) Claudio   (B) Emilio   (C) Roberto
3 Sono in: (A) nave   (B) aereo   (C) treno

2. Ascolta nuovamente il dialogo e leggi il testo.

Lui: Come ti chiami?
Lei: Anne. E tu?
Lui: Mi chiamo Claudio.
Lei: Come, scusa?
Lui: Claudio, mi chiamo Claudio.
Lei: Piacere.
Lui: Ciao. Sei italiana?
Lei: No, sono svizzera. E tu, di dove sei?
Lui: Io sono italiano.

3. Adesso chiedi il nome a due tuoi compagni.

Esempio: *A: Come ti chiami?*
          B: Mi chiamo Frank.

4. Ripeti in classe i nomi dei tuoi compagni.

Esempio: *Lui si chiama Clive. / Lei si chiama Fabienne.*

5. Lavora con due compagni.
A turno Ⓐ presenta Ⓑ a Ⓒ.

Esempio: Ⓐ *Lui si chiama David.*
          Ⓑ *Piacere, io mi chiamo Pedro.*
          Ⓒ *Come, scusa?*
          Ⓑ *Pedro.*
          Ⓒ *Ciao, Pedro.*

6. Ascolta e ripeti le parole.

Alla scoperta della lingua

  7. Ascolta e metti le terminazioni *o*, *a* oppure *e*.

LUI	LUI	LEI	LEI
1 ingles..*e*..	7 giappones.....	1 ingles..*e*...	7 giappones.....
2 brasilian.....	8 portoghes.....	2 brasilian.....	8 portoghes.....
3 frances.....	9 tedesc.....	3 frances.....	9 tedesc.....
4 turc.....	10 russ.....	4 turc.....	10 russ.....
5 spagnol.....	11 italian.....	5 spagnol.....	11 italian.....
6 cines.....	12 marocchin.....	6 cines.....	12 marocchin.....

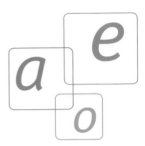

8. Lavora con un compagno.
A turno uno chiede il nome e la nazionalità di una persona e l'altro risponde.

Esempio: [A] *Come ti chiami?* [B] *Mi chiamo Vladimir.*
[A] *Di dove sei?* [B] *Sono russo.*

① ② ③ ④ ⑤ ⑥ ⑦ ⑧ ⑨

1 Vladimir/russo   2 Pierre/francese   3 Eva/tedesca
4 Iara/brasiliana   5 Patricia/inglese   6 Caetano/portoghese
7 Yoko/giapponese   8 Hassan/marocchino   9 Michele/italiano

9. Ascolta e completa il dialogo.

Claudio: Siamo in frontiera, ecco la polizia!
Agente di polizia: Buongiorno; documenti, per favore.
Sandro: Ecco qua.
A.: Lei è italiano?
S.: Sì, sono ....
A.: E ....?
Maria: No, non sono italiana.
A.: Di ....
M.: Sono argentina.
A.: Come si ....
M.: Maria Caballero.
A.: Maria? Scusi, come si scrive il ...., per favore.
M.: C.a.b.a.l.l.e.r.o.
A.: Va in .... per turismo?
M.: No, studio italiano all'Università.
A.: Bene: .... italiano. Grazie e arrivederci.
M.: Prego. Buongiorno

> ## Alla scoperta della lingua

Nei due dialoghi le persone parlano in modo diverso:

INFORMALE	FORMALE
Come ti chiami?	Come ....
Di dove sei?	Di dov'..............................
E tu?	E ....

10. Ascolta e ripeti le lettere dell'alfabeto italiano.

a b c m d e f g h n p o q r s z i l t v u

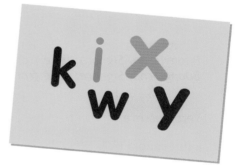

k i x w y

11. Ascolta nuovamente e ripeti l'alfabeto senza leggere.

12. Ascolta e leggi le lettere usate in altri alfabeti.

13. Ascolta i dialoghi e scrivi i nomi e i cognomi.

....
....
....
....

SEGRETERIA

14. A coppie fate dei dialoghi simili. A turno uno è la segretaria e l'altro lo studente.

15. Provate ora a dettare e a scrivere a turno alcuni nomi e cognomi.

RIFLESSIONE GRAMMATICALE

Pronomi personali soggetto

- **Io** sono italiano.
- **Tu** studi francese?
- **Lui/lei** si chiama Andrea?

In italiano, spesso questi pronomi non si esprimono; ad esempio:
- Come ti chiami?
- Mi chiamo Claudio.

1. Completa le frasi con il soggetto.

1 ......*Io*...... mi chiamo Tom. E Lei?

2 Scusi, ... è francese?

3 .... è brasiliano, ma .... è italiana.

4 Scusa, ... ti chiami Giacomo?

- In italiano si usa **tu** in situazioni informali:
- *Ciao, io mi chiamo Claudio e tu?*

- In situazioni formali si usa **lei**:
- *Buongiorno, Signora: lei è francese?*
- *Buongiorno, Signore: lei è francese?*

In questi casi **lei** spesso si scrive **Lei**.

Verbo essere - indicativo presente

- (Io) **sono** a Roma.
- (Tu) **sei** russo.
- (Lui/lei) **è** di Milano.

2. Completa le frasi con il verbo *essere*.

1 Hans ...*è*....... tedesco.

2 Di dov'........... Matteo?

3 Io .... italiana. E tu?

4 Scusa, ti chiami Ernesto, ma .... argentino o italiano?

Verbi in -are: studiare – indicativo presente

- (Io) stud**io** italiano.
- (Tu) stud**i** matematica.
- (Lui/lei) stud**ia** francese.

Verbo chiamarsi - indicativo presente

- (Io) **mi** chiamo Franco.
- (Tu) **ti** chiami Steve?
- (Lui/lei) **si** chiama Andrea?

3. Completa le frasi con il verbo *studiare* o *chiamarsi*.

1 Io ......*mi chiamo*...... Sandra e tu?

2 Lui .... Kevin e lei .... Ann.

3 John non .... italiano.

4 Io .... inglese, ma tu non .... cinese?

Forma affermativa

- (Io) sono marocchino.
- (Lui) si chiama Hans.

Forma negativa

- (Io) **non** mi chiamo Giorgio.
- (Tu) **non** studi cinese.

Forma interrogativa

- Come ti chiami?
- Di dov'è?

La negazione **non** si scrive prima del verbo.

SÌ no ?

4. Riordina le frasi.

1 inglese/italiana/è/è/non/Patricia.

.................................Patricia non è italiana, è inglese...

2 dove/scusi/è/di/Lei?

....

3 studi/italiano/non/tu?

....

4 argentina/è/Claudia/chiama/e/lei/si.

....

5 si/scusi/chiama/Lei/Hassan?

....

Aggettivi in -o, -a, -e

MASCHILE	-O	Russo	Ivan è russo.
FEMMINILE	-A	Italiana	Anna è italiana.
MASCHILE e FEMMINILE	-E	Francese	Pierre è francese, Fabienne è francese.

5. Completa le frasi con un aggettivo del riquadro.

1 Matteo è ....italiano.....................

2 Vladimir è ....

3 Iara è ....

4 Eva è ....

5 La Renault è una macchina ....?

6 John è ....

italiano, tedesca, russo, brasiliana, inglese, francese

PERCORSO 1 IN VIAGGIO

LESSICO

1. Quali di queste parole sono italiane?

1 (A) gulash   (B) crêpe   (C) mozzarella   (D) kebab

2 (A) tango   (B) rock   (C) opera   (D) salsa

3 (A) bye   (B) ciao   (C) salut   (D) tschüs

2. Fa' una lista delle parole italiane che si usano nella tua lingua.

....

....

....

....

3. Metti gli aggettivi di nazionalità.

1 ...*francese*...   2 ....   3 ....   4 ....   5 ....

4. Dividi gli aggettivi di nazionalità che conosci in due liste.

-o/-a	-e
spagnolo	

CIVILTÀ

Quiz: Conosci l'Italia?

1 Colosseo

3 Torre pendente

5 Campanile di Giotto

2 Piazza San Marco

4 Vesuvio

6 Duomo

7 Arena

1. Abbina le foto alle città.

....

....

....

....

....

....

....

Se vuoi trovare immagini dell'Italia,
visita questo sito internet: www.rete.co.it

Progetto

Ascolta il tuo insegnante e...

1 trova...

2 parla...

3 incolla...

4 gioca...

5 completa...

NOTE

....

....

....

....

....

PERCORSO 2
ALLA STAZIONE

PERCORSO 2
ALLA STAZIONE

1. Ascolta e rispondi alle domande.

	vero	falso
1 Anne e Claudio sono a Milano.	☐	☐
2 Anne non è stanca.	☐	☐
3 Claudio chiede a Anne perché è in Italia.	☐	☐
4 Anne è in Italia in vacanza.	☐	☐

2. È difficile? Ascolta nuovamente il dialogo e leggi il testo.

Claudio: Finalmente in Italia! Finalmente a Perugia!
Anne: Come sono stanca!
Claudio: Anch'io. Ma ormai sono a casa.
Senti, Anne: perché sei in Italia?
Anne: Studio italiano qui, a Perugia.
Claudio: Quando torni in Svizzera?
Anne: Alla fine del corso.

Alla scoperta della lingua

Capisci la regola?
- Lino vive **a** *Venezia*, **in** *Italia*.
Trovi delle espressioni simili nel dialogo?
Quali?

3. Abbina le figure e le parole.

(1)   (2)   (3)   (4)   (5)

(6)   (7)   (8)   (9)

☐ banca   ☐ bar   ☐ ristorante
☐ bagno   ☐ ufficio informazioni   ☐ ufficio postale
☐ telefono   ☐ stazione ferroviaria   ☐ uscita

PeRCorSo 2
ALLA STAZIONE

4. Ci sono molti servizi alla stazione. Leggi il testo e completa la tabella.

Benvenuti alla stazione!
Ecco i nostri servizi.

All'interno
Due uffici informazioni
Due Sale d'attesa
Ufficio postale
Telefoni
Banca Nazionale del Lavoro
Quattro negozi per souvenir e regali
Un'agenzia Rent-a-car
Uscite
Stazione della metropolitana
Toilette

All'esterno
Pizzeria «La Perla»
Ristorante «Rapido»
Bar «Da Gianni»
Bar «La terrazza»
Bar «Espresso»
Telefoni
Toilette

un ....

una stazione della metropolitana ....

due ....

tre ....

quattro ....

Alla scoperta della lingua

5. Completa la tabella.

Nomi in -o		Nomi in -a		Nomi in -e	
singolare	plurale	singolare	plurale	singolare	plurale
telefono	telefoni	agenzia	agenzie	stazione	stazioni

6. A coppie, a turno dite cosa c'è alla stazione.

Esempio: *Ci sono tre bar.*

7. Sai contare in italiano? Ascolta e ripeti i numeri.

8. Ora ascolta e leggi i numeri.

0	1	2	3	4	5	6	7	8	9	10
zero	uno	due	tre	quattro	cinque	sei	sette	otto	nove	dieci

11	12	13	14	15	16	17	18	19	20
undici	dodici	tredici	quattordici	quindici	sedici	diciassette	diciotto	diciannove	venti

9. Quali numeri senti?

.0	1	2	3	4	5	6	7	8	9	10	11	12	13	14	15	16	17	18	19	20

10. Scrivi in lettere 5 numeri importanti per te su un pezzo di carta e poi dettali a un compagno. A turno fate la stessa cosa due volte. Controllate i numeri che avete scritto.

11. Ascolta il dialogo e scegli ogni volta tra A), B), C) o D).

Anne: Ciao Claudio!
Claudio: Anne, non ho il tuo numero di telefono!
Anne: Giusto! Ma io non ho ancora
A un numero di telefono, B una casa, C una lettera, D una macchina.
Claudio: Senti Anne, io abito a Perugia...
Anne: Davvero abiti a Perugia? Qual è il tuo indirizzo?
Claudio: Abito in Via Danti A 8, B 6, C 15, D 18.
Anne: E il tuo numero di telefono?
Claudio: 0,7,5 - 5,2,2,6 A 4,8,6, B 5,3,1, C 8,9,7, D 3,0,5.
Anne: 0,7,5 - 5,2,2,6 A 4,8,6, B 5,3,1, C 8,9,7, D 3,0,5. Ti telefono, ciao!
Claudio: Anne?
Anne: Sì? Cosa?
Claudio: Quanti anni A hai, B abbiamo, C ho, D ha?
Anne: 14. E tu?
Claudio: A 12, B 13, C 15, D 16. Ciao.
Anne: Ciao.

> In Italia nei numeri di telefono c'è sempre il prefisso della città - che inizia per zero - prima del numero: 06 per Roma, 02 per Milano, ecc. I numeri dei cellulari invece non iniziano per zero.

12. Abbina le domande alle risposte.

1 Quanti anni hai?
2 Di dove sei?
3 Come ti chiami?
4 Dove abiti?
5 Qual è il tuo indirizzo?
6 Qual è il tuo numero di telefono?
7 Perché sei in Italia?

a Alain.
b Abito in Via Firenze 4.
c Sono francese.
d Perché studio italiano a Roma.
e A Roma.
f 14.
g 06 8237968.

13. Tocca a te. Prova a rispondere alle domande.

14. Ora scrivi le risposte.

1 ....
2 ....
3 ....
4 ....
5 ....
6 ....
7 ....

15. Ora, a coppie, giochiamo a Battaglia Navale! Chiedete all'insegnante come si gioca.

LESSICO

1. Che cosa sai sulla geografia degli altri paesi? Abbina le città ai paesi.

a Madrid
b Parigi
c Londra
d Istanbul
e Berlino
f Tokyo
g Pechino
h Rio de Janeiro

1 Germania
2 Inghilterra
3 Francia
4 Spagna
5 Cina
6 Turchia
7 Brasile
8 Giappone

2. A coppie, a turno fate delle frasi con le città e i paesi dell'esercizio 1.

Esempio: *Madrid è in Spagna.*

3. Dove troviamo le seguenti cose? Completa la tabella.

caffè   *pizza*   *gelato*   *carta di credito*

Ristorante	Banca
Pasta	....
....	....
....	....

Ufficio postale	Stazione ferroviaria
....	....
....	....
....	....

lettera   *francobollo*   *acqua minerale*

soldi   *biglietto del treno*   *pasta*   *cartolina*

4. Abbina le figure agli aggettivi del riquadro.

① ② ③ ④ ⑤ ⑥

1 .... *nuovo* ....   2 ....   3 ....

4 ....   5 ....   6 ....

> vecchio, bello, grande, piccolo, brutto, nuovo

5. Come si dice in italiano? A coppie fate delle domande e date le risposte.

Esempio: *Come si dice «aeroporto» nella tua lingua? Si dice...*

Oppure: *Come si dice* *in italiano?*

6. Come si scrive? A coppie fate delle domande e date delle risposte.

Esempio: - *Come si dice «Pasta»?*
           - *P.A.S.T.A.*

RIFLESSIONE GRAMMATICALE

Verbo **essere** - indicativo presente plurale

(Noi) **siamo** studenti.
(Voi) **siete** italiani.
(Loro) **sono** a Roma?

io, tu , lui, lei, noi, voi, loro.
**Ricorda: in italiano molto spesso non
si esprimono quando sono soggetto.**

1. Completa le frasi con il verbo *essere*.

1 Claudio e Maria ....*sono*........ italiani.

2 Giovanna e io .... di Firenze.

3 Loro abitano a Parigi, ma non .... francesi.

4 Voi non .... di Berlino.

5 Io .... americano.

6 Tu non .... Claudia?

7 Milano .... in Lombardia?

8 Loro .... spagnoli?

Verbo avere - indicativo presente

(Io) **ho** un bar.
(Tu) **hai** due libri.
(Lui/lei) **ha** una carta di credito.

2. Scrivi la forma corretta del verbo *avere*.

1 Giovanni, tu ....hai........... una lettera di Mary?

2 Luisa, ... l'indirizzo di Sandro?

3 La tua amica .... una casa?

4 Fabrizia .... un numero di telefono?

5 Io .... il tuo indirizzo?

C'è un gelato   Ci sono due gelati

La forma **c'è** si usa per
....
La forma **ci sono** si usa per
....

3. Completa le frasi con un verbo.
Scegli fra: *c'è*, *ci sono*, forme di *avere* e *essere*.

1 A Parigi ....ci sono......... molti monumenti.

2 Cristina .... un indirizzo nuovo.

3 - Di dove .... ?   - Io .... di Istanbul, lui .... di Tunisi.

4 - Quanti anni .... ?   - .... 15 anni.

5 A Parma .... una stazione ferroviaria.

6 Noi .... francesi e voi di dove ....?

Verbi in -ere scrivere – indicativo presente

(Io) scriv**o** una lettera.
(Tu) scriv**i** un libro.
(Lui lei) scriv**e** una cartolina.

4. Completa le frasi con un verbo del riquadro.

1 Io ......abito.......... in Via Garibaldi 17.

2 Signora, lei .... a Roma?

3 Maria .... italiano a scuola.

4 John .... una lettera a David.

5 Lei .... Camilla.

6 Tu .... in Italia?

vivere, scrivere, chiamarsi, studiare, lavorare, abitare

5. Metti le frasi alla forma negativa.

1 Maria e io siamo di Firenze.   ....Maria e io non siamo di Firenze..........

2 (Loro) abitano a Parigi.   ....

3 (Io) abito in Via Garibaldi 17. ....

4 Graziano ha un indirizzo nuovo. ....

5 (Io) ho una casa bella. ....

6 Marco ha un numero di telefono. ....

7 Lucia studia italiano all'università. ....

8 John scrive una lettera a David. ....

Articolo indeterminativo	
maschile	**femminile**
davanti a una consonante: **un telefono**	davanti a una consonante: **una casa**
davanti a S + consonante, Z, PS, GN, X: **uno studio**	davanti a una consonante: **un'amica**
davanti a una vocale: **un ufficio**	

> **Ricorda:**
> le vocali sono **a e i o u**,
> le altre lettere
> dell'alfabeto sono
> consonanti.

6. Metti l'articolo indeterminativo.

1 ......un...... caffè

2 .... acqua minerale

3 .... francobollo

4 .... carta di credito

5 .... gelato

6 .... pizza

7 .... biglietto del treno

8 .... lettera

9 .... studente

10 .... psicologo

Nomi e aggettivi in -o, -a, -e				
	singolare		**plurale**	
maschile	-o	**un** aeroporto italiano	-i	**due** aeroporti italiani
	-e	**un** ristorante francese	-i	**due** ristoranti francesi
femminile	-a	**una** macchina americana	-e	**due** macchine americane
	-e	**una** stazione inglese	-i	**due** stazioni inglesi

7. Completa le parole dove è necessario.

1 Maria ha un...ª.... cas...ª..... nuov..ª...... .

2 A scuola ci sono tre student......... russ......... e due tedesch......... .

3 Karl ha un......... indirizz......... nuov......... .

4 Molte ragazz......... italian......... sono bell......... .

5 Il tuo libr......... non è brutt......... .

6 All'aeroporto ci sono due banch......... e cinque agenzi......... di Rent-a-car.

7 Ana e Paula sono due ragazz......... portoghes......... .

8 A Bologna c'è un......... piccol......... ristorant......... frances......... .

PERCORSO 2
ALLA STAZIONE

Le preposizioni *in* e *a*

8. Guarda le figure e fa' delle frasi.

1 Fabienne .... *Fabienne vive a Parigi in Francia.* ....

2 Carlo ....

3 Maria ....

4 Pilar ....

5 David ....

La preposizione .... si usa con le città e
la preposizione .... con i nomi di paesi.

Gli interrogativi

9. Completa le domande.

1 .... *Come* .... si scrive "indirizzo"?

2 .... abiti?

3 .... è il tuo indirizzo?

4 .... ti chiami?

5 .... sei?

6 .... sei in Italia?

7 .... si dice "cat" in italiano?

8 .... anni hai?

Formale - Informale

10. Rendi formale il dialogo.

| Matteo Russo | Antonio Porta | Karl Ohlendorf |

Antonio: Ciao, Matteo. ....

Matteo: Ciao Antonio. Questo è Karl. ....

Antonio: Ciao Karl. Karl, sei tedesco? ....

Karl: No, sono austriaco. ....

Antonio: Perché sei in Italia? Studi o lavori qui? ....

Karl: Lavoro a Milano. ....

Antonio: Ah, bene. Ora devo andare. Ciao! ....

Karl/Matteo: Ciao! ....

CIVILTÀ

1. Guarda la carta dell'Italia e completa la tabella.

	Regioni	Capoluoghi
1	Piemonte	....
2	Valle d'Aosta	...... Aosta ......
3	....	Milano
4	Trentino	....
5	....	Venezia
6	Friuli	....
7	Liguria	....
8	....	Bologna
9	....	Firenze
10	....	Perugia
11	Marche	....
12	....	Roma
13	Abruzzo	....
14	Molise	....
15	....	Napoli
16	Puglia	....
17	Basilicata	....
18	Calabria	....
19	....	Palermo
20	....	Cagliari

2. Sai qualcosa sulla geografia dell'Italia?
Lavora con un compagno. Uno è A , l'altro è B . A va a pagina I, B a pagina III dell'appendice. A turno fate domande e date risposte.

Esempio: A : *Dov'è Bologna? È in Sicilia?*
B : *No, non è in Sicilia. È in Emilia Romagna.*

Esempio: A : *Dov'è Perugia? È in Umbria?*
B : *Sì, giusto!*
Oppure
Non lo so.

L'Italia fisica

3. L'Italia fisica può presentare questi aspetti:

4. Quali sono le città più popolate d'Italia?

| Milano | Torino | Roma | Napoli | Bologna | Genova |

Popolazione residente nei grandi comuni *(anno 2002, migliaia di unità)*

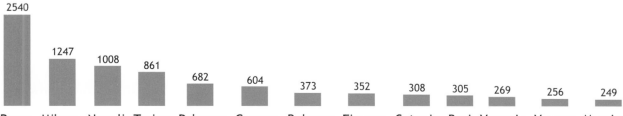

Roma	Milano	Napoli	Torino	Palermo	Genova	Bologna	Firenze	Catania	Bari	Venezia	Verona	Messina
2540	1247	1008	861	682	604	373	352	308	305	269	256	249

(dati ISTAT, L'Italia in cifre, pag. 2 Popolazione residente nei grandi comuni)

5. Ora trova queste città sulla carta dell'Italia.

PERCORSO 2
ALLA STAZIONE

Progetto

Ascolta il tuo insegnante e...

1. divisi a gruppi, trovate...

2. gioca...

3. trova...

4. trova...

NOTE

....

....

....

....

....

PERCORSO 3
STUDIARE E LAVORARE

1. **Claudio ha alcuni amici di penna. Oggi telefona a uno di loro.
Secondo te a chi? E perché? A coppie fate delle ipotesi.**

2. **Ora ascolta la conversazione. A chi telefona Claudio? E perché?**

3. **Ascolta nuovamente la conversazione e completa la tabella.**

Nome	....
Cognome	....
Età	....
Nazionalità	....
Indirizzo	....
Numero di telefono	....
Numero di telefono cellulare	....
Lingue straniere	....
Esperienza (studio o lavoro)	....
Altro	....

4. Quante domande per un corso! Ma per trovare un lavoro possono essere ancora di più. A coppie chiedete il significato delle parole del riquadro.

titolo di studio, patente, stato civile, sposato

Esempio: - Cosa vuol dire "sposato"?
- Vuol dire...

5. Che lavoro fanno? Abbina i lavori alle figure corrispondenti.

- ☐ medico
- ☐ parrucchiera
- ☐ meccanico
- ☐ casalinga
- ☐ contadino
- ☐ muratore
- ☐ taxista
- ☐ poliziotto
- ☐ studente
- ☐ commessa
- ☐ insegnante
- ☐ macellaio
- ☐ impiegato

6. Insieme a due compagni controlla le risposte.

7. Guarda le figure e con un compagno, a turno, uno fa le domande e l'altro dà le risposte.

Esempio: - *Che lavoro fa Angelo?*
          - *Fa il poliziotto.*

Sono poliziotto. / Faccio il poliziotto.

Angelo

Rino

Luisa

Lino

Anna

Salvatore

8. Lavora con un compagno. Uno di voi è A, l'altro B. A va a pagina II, B a pagina IV. A turno fate domande e date risposte per completare le informazioni personali delle persone nelle foto.

Esempio: B - *Come si chiamano?*
          A - *Inge e Hans.*

9. Con le informazioni che hai, scrivi una frase su due persone.

Esempio: - *Inge Moeller è tedesca, fa la parrucchiera...*

1 ....

....

....

2 ....

....

....

ABILITÀ

1. Leggi rapidamente i testi, poi abbina le foto ai testi.

 ①  ②  ③

 ④  ⑤  ⑥

a) "Mi chiamo Juan e sono di Quito in Ecuador. Quito è una città grande con tante montagne attorno.
Sono bellissime! Ho 14 anni e vado a scuola. È una scuola particolare perché studio molta musica:
mi piace molto suonare il violino! Parlo spagnolo, la mia lingua, e italiano.
So anche un po' d'inglese. Mio padre è impiegato, mia madre fa l'infermiera. Cerco amici in Italia!"

b) "Abito a Chicago, la città più bella degli Stati Uniti, in una casa con un giardino carino in una zona
tranquilla. Ho 13 anni, sono alto, simpatico, intelligente! Ci scriviamo? La mia passione è il calcio, gioco
in una squadra di Chicago. Il mio sogno è andare in Italia a giocare in Serie A.
Ah, mi chiamo David! Abito con mia madre, fa la professoressa."

c) "Ho 15 anni. Mi chiamo Dominique, sono francese, vivo a Parigi con mio padre e mia madre.
Mio padre è meccanico e mia madre fa la casalinga. Non mi piace la scuola, ma mi piace studiare
l'italiano e andare in vacanza in Italia! Dai, scrivimi!"

☐☐ ☐☐ ☐☐

2. Leggi nuovamente i testi e rispondi alle domande.

Chi abita a Chicago?
Chi parla spagnolo?
Chi va in vacanza in Italia?
Chi studia violino?
Chi ama il calcio?
Chi conosce le montagne?

3. Controlla con un compagno le tue risposte.

4. Ora indovinate chi siete!
   Insieme a un compagno: a turno siete uno
   dei personaggi dei testi dell'esercizio 1.
   Uno fa le domande e l'altro risponde.

**5. Scegli un amico di penna tra questi ragazzi
   e ragazze e scrivi una tua presentazione.**

....
....
....
....
....
....

Alla scoperta della lingua

Osserva gli esempi e completali.

.... è? È un libro.

.... è? È mio fratello.

Quando si usa *chi*, quando si usa *cosa*?

Alla scoperta della lingua

Leggi nuovamente i testi della pagina
precedente e prova a completare la tabella.

Articolo determinativo

maschile	femminile
.... meccanico	...la... casalinga
.... impiegato	.... professoressa
	.... infermiera

Dizionario

Quante volte abbiamo bisogno del dizionario!
Ma non è facile usarlo. Ti aiutiamo a imparare come si fa con un dizionario italiano.

6. Leggi la frase e cerca sul dizionario la definizione corretta della parola "medico".

Il Dott. Pasquini è il medico di famiglia di Giovanni.

7. I dizionari usano spesso abbreviazioni. Abbina le abbreviazioni con le parole intere.

1 s.   a letterario
2 m.   b plurale
3 agg.   c sostantivo
4 pl.   d femminile
5 lett.   e maschile
6 f.   f aggettivo

LESSICO

1. Abbina definizioni e lavori.

1 casalinga
2 meccanico
3 commessa
4 medico
5 impiegato
6 macellaio
7 cameriere

a lavora in un ufficio o in banca.
b cura i malati.
c lavora in un negozio, vende cose ai clienti.
d vende carne.
e lavora in casa.
f serve i clienti in un ristorante, bar, pizzeria.
g ripara le macchine.

RIFLESSIONE GRAMMATICALE

Verbo **avere** – indicativo presente plurale

(Noi) **abbiamo** un cane.
(Voi) **avete** una macchina nuova.
(Loro) **hanno** un lavoro interessante.

L'indicativo presente dei verbi regolari.

Ci sono tre coniugazioni:
I -are (amare); **II -ere** (scrivere); **III -ire** (sentire - finire).

> Coniugazione III -ire in:
> III a (sentire) e III b (finire).

I - are: amare	II - ere: scrivere	III a - ire: sentire	III b - ire: finire
(io) am - **o**	(io) scriv - **o**	(io) sent - **o**	(io) fin - **isc** - **o**
(tu) am - **i**	(tu) scriv - **i**	(tu) sent - **i**	(tu) fin - **isc** - **i**
(lui, lei) am - **a**	(lui, lei) scriv - **e**	(lui, lei) sent - **e**	(lui, lei) fin - **isc-e**
(noi) am - **iamo**	(noi) scriv - **iamo**	(noi) sent - **iamo**	(noi) fin - **iamo**
(voi) am - **ate**	(voi) scriv - **ete**	(voi) sent - **ite**	(voi) fin - **ite**
(loro) am - **ano**	(loro) scriv - **ono**	(loro) sent - **ono**	(loro) fin - **isc** - **ono**

	Gli accenti	
singolare	parlo	rispondo
	parli	rispondi
	parla	risponde
plurale	parliamo	rispondiamo
	parlate	rispondete
	parlano	rispondono

> Osserva come cade l'accento
> dei verbi al presente indicativo.

1. Metti il verbo alla persona richiesta.

1 abitare: (tu) ...._abiti_..........................

2 vendere: (lui) ....

3 scrivere: (io) ....

4 lavorare: (lei) ....

5 ascoltare: (io) ....

6 tornare: (tu) ....

7 finire: (io) ....

8 sentire: (tu) ....

2. Metti i verbi dell'esercizio 1 al plurale.

1 abitare: (voi) ...._abitate_......................

2 vendere: (loro) ....

3 scrivere: (noi) ....

4 lavorare: (loro) ....

5 ascoltare: (noi) ....

6 tornare: (voi) ....

7 finire: (noi) ....

8 sentire: (voi) ....

3. Completa le frasi con uno dei verbi del riquadro.

1 Quando ...._lavoro_................, ... la radio.

2 .... a Napoli, ma siamo inglesi.

3 Quando .... di lavorare nel tuo ufficio?

   Io .... alle 5, ma Sara .... alle 7.

4 In settembre .... a casa, sono molto felice!

5 Björn .... l'Italia, viene sempre in vacanza.

6 Quando siete in vacanza, ... sempre una cartolina a casa?

> *scrivere, finire, amare, vivere, ascoltare, andare*

Verbi irregolari

fare - indicativo presente	*sapere* - indicativo presente
(Io) **faccio** l'insegnante.	(Io) **so** l'inglese.
(Tu) **fai** la commessa.	(Tu) **sai** il tedesco.
(Lui, lei) **fa** il medico.	(Lui, lei) **sa** il francese.
(Noi) **facciamo** l'università.	(Noi) **sappiamo** l'italiano.
(Voi) **fate** la pizza.	(Voi) **sapete** il russo.
(Loro) **fanno** una pausa.	(Loro) **sanno** lo spagnolo.

4. Completa le domande e le risposte con *essere, avere, sapere* o *fare*.

1 - Di dove ....è........ Paolo? — .... italiano.

2 - Quanti anni .... ? — Io 45 e lei 34.

3 - Quante lingue .... i tuoi studenti? — .... 2 lingue.

4 - Cosa .... ? — Lavoro in ospedale, ... il medico.

5 - Qual .... il tuo indirizzo? — Via Ponte Nuovo 43. Mia moglie e io .... un appartamento con giardino.

6 - Cosa .... Peter? — Lavora in un supermercato. .... il macellaio.

7 - .... dove vive John? — Mi spiace, non lo ....

8 - .... una penna rossa? — Sì, eccola!

Articolo determinativo	
maschile	**femminile**
davanti a una consonante: **il** telefono	davanti a una consonante: **la** casa
davanti a S + consonante, Z, PS, GN, X: **lo** studio	davanti a una consonante: **l'**amica
davanti a una vocale: **l'**ufficio	

> Articoli determinativi completi: vedi Percorso 4.

5. Metti l'articolo determinativo e completa le parole.

1 ..La... cas...... nuov...... di Anna è molto bell...... .

2 Questo è Ivan, ... student...... russ...... che abita con Luca.

3 ...... ragazz...... carin...... è mia amica.

4 Leggi ......ultimo libr...... di Eco, è interessant...... .

5 Sara, ... amic...... di Mario, è felic...... perché ha un...... macchin...... nuov...... .

6 Giorgio fa ...... impiegat...... .

6. Completa le frasi con l'articolo determinativo dove necessario.

1 ...Il... tuo numero di telefono è 02 3426785, vero?

2 Abiti in ...... Piazza del Popolo?

3 ...... Signor Rossi fa ...... ingegnere.

4 ...... Portogallo è un paese dell'Unione Europea.

5 ...... Signora, lei è inglese?

6 ...... mia casa nuova è molto carina.

7 ...... libro d'italiano è facile.

8 ...... studente con ...... tua amica Cristina è Tommaso.

7. Lavora con un compagno.
Lo studente A va a pagina II, lo studente B va a pagina IV. Fate delle domande. Rispondete con gli articoli determinativi.

Le preposizioni _in_ e _a_

in Via Liguria 6 / a casa

in Piazza del Campo / a scuola

a Madrid, in Spagna: vedi Percorso 2.

La preposizione _per_

settembre 2005   _settembre 2006_

Julie ha un lavoro **per** un anno.
(Julie ha un lavoro che dura un anno.)

2005 = anno
ottobre = mese
sabato = giorno

8. Metti le preposizioni.

1 ..*a*... casa   2 ...... due giorni   3 ...... Berlino

4 ...... Piazza Navona   5 ...... sei anni   6 ...... Francia

7 ...... quattro mesi   8 ...... Via Farini   9 ...... scuola

9. Fa' le domande.

1 ....*Di dove sei*.............?
Sono turco.

2 ....?
Ascolto solo rock.

3 ....?
Vende carne.

4 ....?
È in Spagna.

5 ....?
È Hans, uno studente tedesco.

6 ....?
Sono in Italia per lavoro.

7 ....?
Non lo so. Forse in ottobre.

8 ....?
È inglese, vuol dire gatto.

CIVILTÀ

Il lavoro in Italia

I principali settori lavorativi

agricoltura

industria

trasporti e comunicazioni

commercio, alberghi e ristoranti

servizi

PERCORSO 3
STUDIARE E LAVORARE

1. Abbina i mestieri alle foto.

☐ pizzaiolo / ☐ responsabile di sistemi informatici / ☐ gondoliere
☐ contadino / ☐ operaio / ☐ impiegata / ☐ guida turistica

2. Adesso prova a completare la tabella, inserendo nel settore corretto il lavoro dei tuoi familiari.

agricoltura	....
industria	....
servizi	....
trasporti e comunicazioni	....
commercio, alberghi e ristoranti	....

Progetto

1. Intervista cinque persone e fa' domande sul loro lavoro.

2. Completa la seguente tabella:

	persona 1	persona 2	persona 3	persona 4	persona 5
settore					
lavoro					
numero di ore					
dove					
interessante					

Ascolta il tuo insegnante e...

3. gioca…

4. intervista…

5. crea…

PERCORSO 4
LA FAMIGLIA

1. Ascolta la telefonata e completa il dialogo.

Claudio:	.... Pronto ....?
Anne:	Pronto, posso parlare con Claudio, per favore?
Claudio:	....
Anne:	Sono Anne.
Claudio:	....
Anne:	Bene e tu?
Claudio:	....?
Anne:	Per il momento molto bene. Comincia domani!
Claudio:	....?
Anne:	Non lo so...
Claudio:	....?
Anne:	Va bene. Cucini tu?
Claudio:	....?

2. Secondo te chi sono queste persone per Claudio?

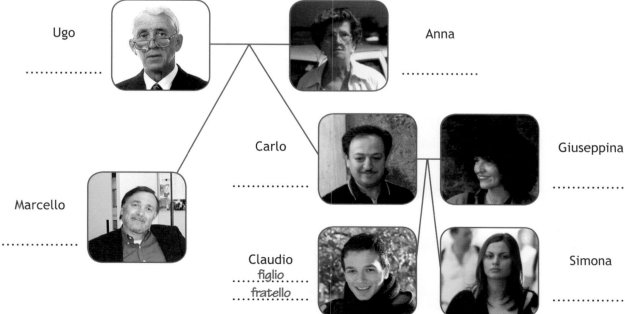

Ugo
....

Anna
....

Carlo
....

Giuseppina
....

Marcello
....

Claudio
.....figlio.....
....fratello....

Simona
....

madre, padre, figlio, figlia, fratello, sorella, marito, moglie, nonno, nonna, zio

Anna

Marcello

Claudio

- Anna è la nonna di Claudio. Claudio è il nipote di Anna.
- Marcello è lo zio di Claudio. Claudio è il nipote di Marcello.

Osserva:
nipote in italiano va bene sia per nonni che per zii ed è sia maschile che femminile.

3. Ascolta il dialogo e completa gli spazi vuoti.

Anne: Posso entrare?

Claudio: Dai! Entra!... Anne ti presento i miei ....

Mia ...., Giuseppina e questo è mio ...., Carlo.

Anne: Piacere. Come siete giovani!

Carlo: Grazie, ma non è vero. Io ho 48 anni e

mia .... 45.

Claudio: E quella è mia ...., Simona.

Anne: Ciao Simona, piacere!....

Carlo: Forza, andiamo a tavola. È ora di mangiare.

Anne: Scusate, vorrei lavarmi le mani.

Dov'è il bagno per favore?

Carlo: È la prima porta a sinistra.

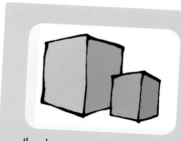

Il cubo grande è a sinistra.
Il cubo piccolo è a destra.

Alla scoperta della lingua

maschile singolare	plurale (irregolari!)	femminile singolare	plurale
Mi.......	*Miei*	Mi.......	Mi.ᵉ......
Tu.......	*Tuoi*	Tu.......	Tu........
Su.......	*Suoi*	Su.......	Su........

4. Ascolta nuovamente il dialogo e controlla le tue risposte.

> **Alla scoperta della lingua**

5. Completa la tabella con i nomi del riquadro.

Il .....padre....... ....

La ....

I ....

Le ....

figlio, figlia, nonni, padre, sorella, mogli, madre, fratelli,
nonno, fratello, madri, genitori, padri, moglie, marito, sorelle

6. Insieme a un compagno, a turno parlate delle relazioni nella famiglia di Claudio.

Esempio: Carlo/Claudio. Carlo è il padre di Claudio.

Claudio/Giuseppina	Giuseppina/Simona	Ugo e Anna/Claudio
Claudio/Simona	Ugo/Simona	Giuseppina/Carlo
Simona/Carlo	Anna/Claudio	Carlo, Giuseppina/Claudio, Simona
Simona/Claudio	Carlo/Giuseppina	Ugo e Anna/Claudio

7. Insieme a un compagno, a turno fate domande e date risposte sulle vostre famiglie.

8. Completa la tabella e poi ascolta e ripeti i numeri.

21	ventuno		42	....
22	ventidue		50	cinquanta
23	ventitrè		51	....
24	....		52	....
25	....		60	sessanta
26	....		61	....
27	....		62	....
28	....		70	settanta
29	....		71	....
30	trenta		72	....
31	trentuno		80	ottanta
32	....		81	....
40	quaranta		82	....
41	....		90	novanta

9. Scrivi i numeri che senti.

....

....

10. Correggi gli errori dove necessario.

34 trentadue	.... *trentaquattro*	
51 cinquantuno	....	
95 novantaquattro	....	
44 quarantasei	....	
78 settantotto	....	
58 cinquantasette	....	
62 sessantasei	....	

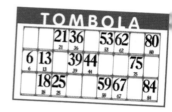

11. Cerca informazioni sulla famiglia di un personaggio famoso.
   Poi a gruppi di tre fate domande a turno per scoprire chi sono i personaggi.

12. Ora scrivete le domande dell'esercizio 11.

ABILITÀ

Prevedere

Immaginare il contenuto di un testo, prima di leggerlo o ascoltarlo,
ad esempio con l'aiuto delle figure, può favorire la comprensione.

1. Guarda la fotografia e rispondi alle domande.

Dove sono le persone nella foto?

....

Chi sono?

....

Quanti anni hanno?

....

Che lavoro fanno?

....

Di dove sono?

....

2. A coppie, confrontate le vostre risposte.

3. Ora ascolta la registrazione e controlla le tue risposte.

LESSICO

In modo affettuoso
il padre si chiama **papà**
e la madre **mamma**.

1. Completa gli schemi con nomi relativi alla famiglia.

.... marito ....

uomini

....

....

.... moglie ....

donne

....

....

2. Completa la tabella.

padre	....
....	figlia
fratello	....
zio	....
nonno	....
....	moglie
cugino	....
....	....

3. Abbina i disegni agli aggettivi del riquadro.

○   ○   ○   ○

1 alto   **2** basso   **3** magro   **4** grasso

4. Insieme a un compagno, a turno chiedete chi sono le persone, indicando le foto della famiglia di Claudio. Usate gli aggettivi qui sotto e quelli che conoscete.

Esempio: **A** - *Chi è questa ragazza? È molto carina!*
           B - *È Simona, la sorella di Claudio.*

alto, basso, magro, grasso, giovane, vecchio, bello, brutto, carino, piccolo

5. Abbina le figure ai nomi.

①   ②   ③   ④

⑤   ⑥   ⑦   ⑧   ⑨

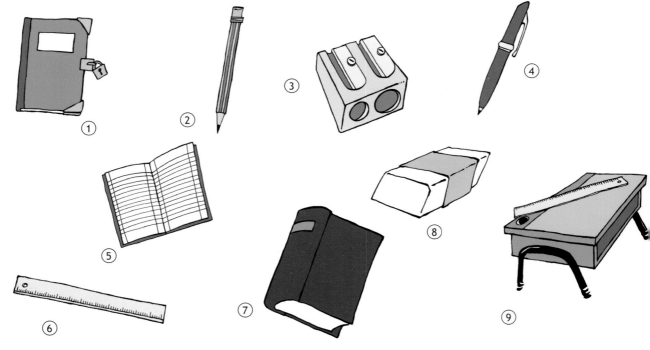

☐ quaderno ☐ libro ☐ diario ☐ matita ☐ penna ☐ gomma ☐ temperamatite ☐ riga ☐ banco

6. Insieme a un compagno, a turno chiedete e dite di chi sono gli oggetti nelle figure. Lo studente A va a pag. V, lo studente B a pag. VI.

Di chi è / sono ? ... - È / sono di ...

7. Metti in ordine la telefonata.

1 - Silvia non c'è; è all'università.
2 - Certamente!
3 - Pronto?
4 - Grazie. Arrivederci.
5 - Ciao.
6 - Sono Paolo, sono in Tunisia. Telefono domani mattina.

7 - Pronto? Sono Paolo. C'è Silvia per favore?
8 - Va bene.
9 - Come? Non sento bene! Può parlare più forte?
10 - No, è all'università.
11 - Posso lasciare un messaggio?

☐ ☐ ☐ ☐ ☐ ☐ ☐ ☐ ☐ ☐ ☐

8. Cosa dici al telefono?

a Quando rispondi .... *Pronto?* ....
b Quando telefoni e dici chi sei ....
c Per parlare con una persona ....
d Per lasciare un messaggio ....
e Quando non senti bene ....
f Per finire la telefonata ....

RIFLESSIONE GRAMMATICALE

Nomi in -tà

I nomi in **-tà** sono femminili. Singolare e plurale sono uguali.

femminile	singolare -tà	la città la possibilità	plurale -tà	le città le possibilità

Articoli determinativi singolari e plurali

maschile	
singolare	**plurale**
davanti a una consonante: *il* telefono	davanti a una consonante: *il* telefono
davanti a S + consonante, Z, PS, GN, X: *lo* studente	davanti a S + consonante, Z, PS, GN, X: *gli* studenti
davanti a una vocale: *l'*ufficio	davanti a una vocale: *gli* uffici

femminile	
singolare	**plurale**
davanti a una consonante: *la* casa	davanti a una consonante: *le* case
davanti a una vocale: *l'*amica	davanti a una consonante: *le* amiche

1. Abbina gli articoli ai nomi.

1	il	**a**	via
2	la	**b**	acqua
3	l'	**c**	padre
4	il	**d**	insegnante
5	la	**e**	nome
6	lo	**f**	città
7	l'	**g**	creatività
8	lo	**h**	zio
9	l'	**i**	psicologo
10	la	**l**	studente
11	lo	**m**	indirizzo
12	l'	**n**	aeroporto

2. Metti al plurale i nomi dell'esercizio 1 e aggiungi l'articolo determinativo.

1 ..i.. nomi   2 ..... creativit.....

3 ..... insegnant.....   4 ..... padr.....

5 ..... vi.....   6 ..... student.....

7 ..... acqu.....   8 ..... zi.....

9 ..... indirizz.....   10 ..... citt.....

11 ..... psicolog.....   12 ..... aeroport.....

> Si usa **questo**
> per indicare oggetti o
> persone vicine a chi parla.

L'aggettivo dimostrativo: *questo*

	singolare		plurale
maschile	davanti a consonante *questo* libro	davanti a vocale *quest'*amico	*questi* libri/amici
femminile	davanti a consonante *questa* penna	davanti a vocale *quest'*amica	*queste* penne/amiche

I possessivi per le persone singolari (io, tu, lui/lei)

	maschile		femminile	
	singolare	plurale	singolare	plurale
I persona	**mio**	**miei**	**mia**	**mie**
II persona	**tuo**	**tuoi**	**tua**	**tue**
III persona	**suo**	**suoi**	**sua**	**sue**

Solitamente i possessivi sono preceduti dall'articolo *determinativo*, ma <u>non</u> quando ci sono nomi che indicano la famiglia (padre, madre, ecc.) al singolare.

Esempio: *Carlo è **mio** padre.*
     *Simona è **mia** sorella.*

Osserva:

Il cane di Paolo = **il suo cane.** / *Il cane di Luisa* = **il suo cane.**
È la parola *cane* che determina l'aggettivo **possessivo** (maschile), non le parole *Paolo* o *Luisa*.

3. Rispondi alle domande usando l'aggettivo possessivo.

1 Di chi è questa casa? È di Marco?

Sì, ...è la sua casa...............................

2 Di chi è questa macchina? È di Abel?

No, ...

3 Di chi sono questi quaderni? Sono di Claudio?

Sì, ...

4 Di chi sono queste penne? Sono di Cristina?

No, ...

> Preposizione **di**.
> - **Di** chi è questo libro?
> - È **di** Paolo.

4. Metti l'aggettivo possessivo e l'articolo determinativo dove necessario.

1 Questa è ....la mia......... casa. (*io*)

2 .... genitori sono inglesi. (*di Megan*)

3 .... padre è molto giovane. (*tu*)

4 .... passaporto è sul tavolo. (*io*)

5 - Dov'è .... ufficio? (*tu*)

 - .... ufficio è in Via Veneto. (*io*)

6 .... nonni sono molto vecchi. (*di Fabrizia*)

Molto con gli aggettivi

+ La tua casa è bella.	- Questo libro è brutto.
++ La tua casa è **molto** bella.	-- Questo libro è **molto** brutto.

Osserva: *molto* seguito da aggettivo non cambia mai.

5. Metti l'aggettivo contrario.

1 La mia città è molto bella. .... *La mia città è molto brutta.* ....

2 Giuseppe è molto vecchio. ....

3 I tuoi genitori sono molto magri. ....

4 Alghero è una città molto grande. ....

5 Questo esercizio è molto facile. ....

6 La tua amica è molto alta. ....

Voi come plurale di Lei

- Signor Martinez, **lei** è argentino? ·················

- Signor Martinez e Signor Lopez, **voi** siete argentini?

> Come vedi, l'aggettivo resta al maschile.

Il plurale di **lei** (di cortesia) è solitamente **voi**.

6. Cambia le frasi usando il *Voi* di cortesia.

1 Scusi, dov'è la stazione, per favore? .... *Scusate, dov'è la stazione, per favore?* ...

2 Lei è francese? ....

3 Può darmi il passaporto, per favore? ....

4 Lei lavora all'Università di Venezia? ....

5 Lei va spesso a lavorare in macchina? ....

6 Scusi ha una penna? ....

Verbi irregolari

Potere - indicativo presente

	Posso andare in bagno?
	Puoi ripetere?
	Può passarmi l'acqua per favore?
Stasera	**possiamo** andare al cinema.
	Potete fare silenzio?
Gli studenti	**possono** andare a casa.

Potete fare silenzio?

7. Completa le frasi con *potere* o *sapere*.

1 Luca, ...*puoi*.............. fare silenzio?

2 Signora Ferri, lei .... l'inglese?

3 Scusi, ... ripetere, per favore?

4 Giovanni e Franco non .... nuotare.

5 Mamma, ... andare al cinema stasera?

6 Io non .... guidare un camion grande. È troppo difficile.

7 Scusi Professoressa: Claudio, Rita e io .... andare a casa?

8 Scusa, ... dov'è Piazza Cavour, per favore?

Verbo *andare* - indicativo presente
Vado a casa.
Vai in Francia con i tuoi amici?
Va all'università?
Andiamo in Piazza Garibaldi?
Andate in vacanza in agosto?
I miei fratelli **vanno** a Firenze in macchina.

Osserva: *andare* **a**/**in**

Andiamo **a** Bologna / **a** casa / **a** scuola.
Andiamo **in** Francia / **in** Umbria / **in** America.

Andare **a** mangiare un gelato.

Per invitare o suggerire: **perché non...?**

8. Invita o suggerisci.

1 Anne è stanca, suggeriscile di andare a dormire.

.............*Anne, sei stanca. Perché non vai a dormire?*...............

2 Invita Anne a Napoli per Natale.

....

3 Suggerisci ai tuoi compagni di studiare la grammatica italiana.

....

4 Invita i tuoi amici a cucinare qualcosa insieme a casa tua stasera.

....

5 Suggerisci a Matteo e Andrea di vedere l'ultimo film di Bertolucci stasera alla televisione.

....

6 Invita Claire a sentire il concerto di Pavarotti a Modena.

....

CIVILTÀ

 La famiglia in Italia

 1. Osserva le immagini e collega ogni definizione all'immagine giusta.

a matrimonio civile
b matrimonio religioso
c la famiglia patriarcale
d la famiglia moderna
e convivenza

patriarca

convivenza:
*vivere come marito e moglie
senza essere sposati.*

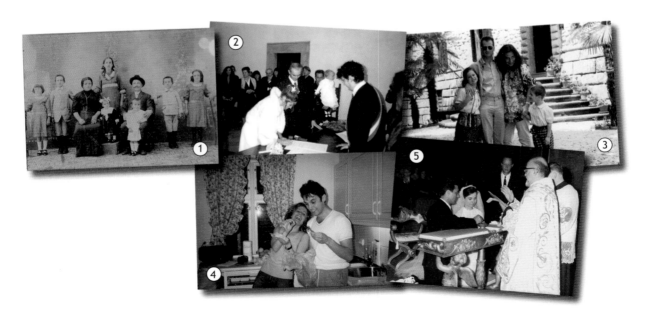

Progetto

Ascolta il tuo insegnante e...

1. disegna…

2. confronta…

3. gioca…

4. porta…

5. trova…

NOTE

....

....

....

....

....

Il mio albero genealogico

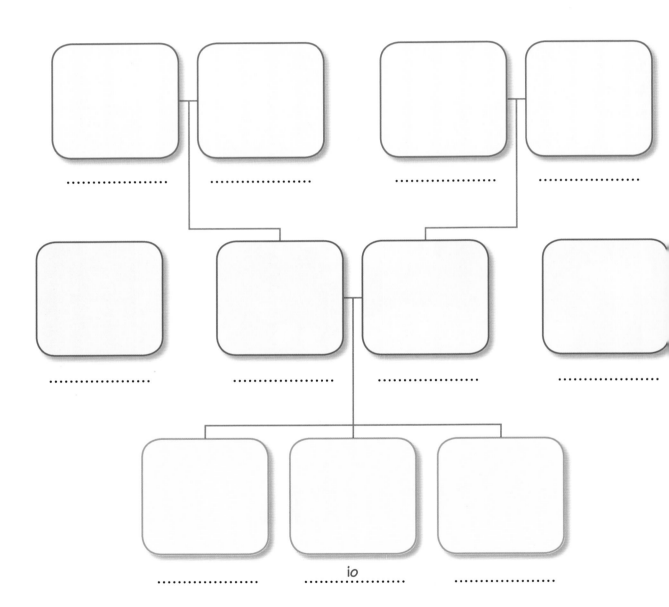

....

....

.... io ....

PERCORSO 5
LA CASA

1. Conosci i nomi delle stanze? Prova a scriverli.

cucina, camera da letto, bagno, soggiorno

2. E i nomi dei vari oggetti? Abbina le immagini alle parole del riquadro.

1 .... 6 .... 10 .... 14 ....

2 .... 7 .... 11 .... 15 ....

3 .... 8 .... 12 .... 16 ....

4 .... 9 .... 13 .... 17 ....

5 ....

finestra, letto, lavandino, divano, sedia, cucina, libreria, bidè, specchio,
armadio, lampadario, water, poltrona, quadro, doccia, frigorifero, tavolo

3. Ascolta la telefonata e rispondi alle domande.

1 Perché Anne telefona a Claudio? ....

2 Con chi abita Anne? ....

3 Dov'è la sua nuova casa? ....

4 Ha il telefono? ....

5 Quando arriva l'altro studente? ....

4. Leggi la prima parte dell'e-mail di Anne e completa la piantina del suo appartamento.

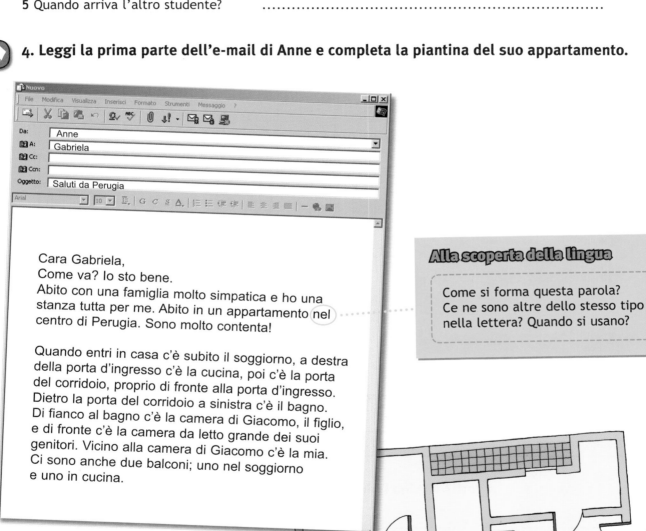

Nuovo
File Modifica Visualizza Inserisci Formato Strumenti Messaggio ?

Da: Anne
A: Gabriela
Cc:
Ccn:
Oggetto: Saluti da Perugia

Arial 10

Cara Gabriela,
Come va? Io sto bene.
Abito con una famiglia molto simpatica e ho una
stanza tutta per me. Abito in un appartamento nel
centro di Perugia. Sono molto contenta!

Quando entri in casa c'è subito il soggiorno, a destra
della porta d'ingresso c'è la cucina, poi c'è la porta
del corridoio, proprio di fronte alla porta d'ingresso.
Dietro la porta del corridoio a sinistra c'è il bagno.
Di fianco al bagno c'è la camera di Giacomo, il figlio,
e di fronte c'è la camera da letto grande dei suoi
genitori. Vicino alla camera di Giacomo c'è la mia.
Ci sono anche due balconi; uno nel soggiorno
e uno in cucina.

Alla scoperta della lingua

Come si forma questa parola?
Ce ne sono altre dello stesso tipo
nella lettera? Quando si usano?

5. Leggi la seconda parte dell'e-mail di Anne. Qual è la sua camera?

Nella mia stanza non ci sono molte cose.
Dietro la porta c'è una poltrona, di fronte alla porta c'è la finestra e vicino alla finestra un piccolo tavolo con una sedia.

A destra della porta c'è il letto e di fianco al letto l'armadio. Ho anche una piccola libreria tra il tavolo e il letto. Il letto è molto alto e abbastanza comodo. Sotto il letto c'è spazio per le mie valigie, per fortuna!

Ora ti saluto, è molto tardi.
Telefona da Roma in ottobre quando arrivi.

Un bacio a Matteo e un abbraccio forte a te.

A presto
Anne

6. Com'è la vostra casa? Insieme a un compagno, a turno descrivete la vostra casa.

7. Ascolta la descrizione del soggiorno di Beatrice e scrivi il nome dei mobili.

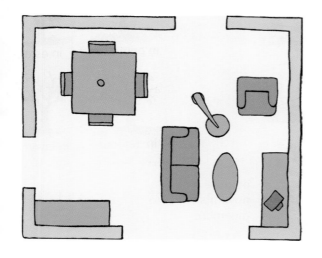

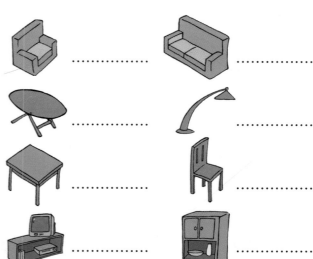

....

....

....

....

8. Ascolta nuovamente la descrizione del soggiorno di Beatrice e disegna
gli oggetti sulla piantina.

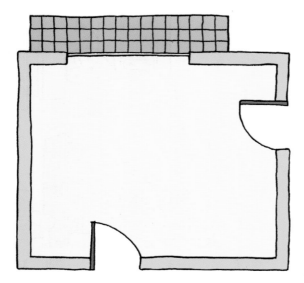

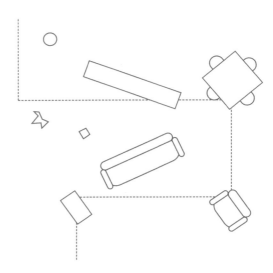

 9. Confronta con un compagno la tua piantina e poi ascolta nuovamente
la descrizione che fa Beatrice.

 10. Lavora con un compagno. Uno è A, l'altro B. A va a pagina V, B a pagina VI.
Descrivete le stanze e fate domande per trovare le differenze. Ci sono 10 differenze.

- *Nel tuo soggiorno c'è una lampada?* - *Sì, è vicino a / a destra / dietro...* - *No.*

 11. Ascolta e ripeti i nomi dei mesi.

gennaio
febbraio
marzo

aprile
maggio
giugno

luglio
agosto
settembre

ottobre
novembre
dicembre

in primavera **in** estate

in autunno **in** inverno

12. Ascolta e cerchia quello che senti.

1 (a) 2 marzo	(b) 2 maggio	(c) 22 marzo
2 (a) 14 gennaio	(b) 4 febbraio	(c) 14 febbraio
3 (a) 13 giugno	(b) 30 giugno	(c) 13 luglio
4 (a) 13 dicembre	(b) 6 novembre	(c) 26 settembre.
5 (a) 15 agosto	(b) 11 ottobre	(c) 31 agosto.

> In italiano di solito le date si scrivono in uno di questi due modi possibili:
> **14.05.2005** o **14/05/2005**
> oppure
> **14 maggio 2005**.

13. Adesso prova a scrivere le date in lettere.

1 3/3 ....Tre marzo..........................

2 15/4 ....

3 29/1 ....

4 26/9 ....

5 16/10 ....

6 15/12 ....

7 6/5 ....

8 12/6 ....

9 2/8 ....

10 1/7 ....

> Il compleanno di Sandra
> è **il 26 settembre**.
> Il compleanno di Sandra
> è **in settembre**.

14. Lavora con due compagni.
A turno chiedete e dite quand'è il vostro compleanno.

LESSICO

1. Osserva i disegni.

il soffitto

la parete

il pavimento

il tetto

2. Osserva i disegni degli elettrodomestici. C'è un errore. Correggilo.

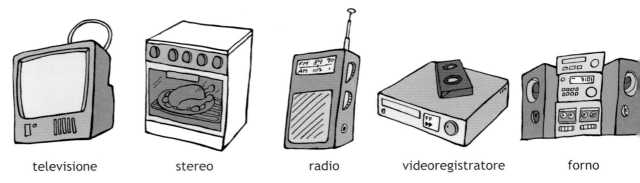

televisione   stereo   radio   videoregistratore   forno

3. Abbina le parti del gelato ai colori.

☐ viola
☐ arancione
☐ giallo

☐ blu
☐ verde
☐ 1 rosso

4. Osserva gli altri colori. Abbinali ai relativi nomi nel riquadro.

....

grigio, bianco, nero, marrone, rosa, azzurro

5. E tu, quale colore preferisci? Chiedilo anche ai tuoi compagni.

6. Insieme a un compagno, a turno chiedete di che colore sono i mobili della vostra camera da letto.

Esempio: - *Di che colore è il tuo letto?*
             - *Verde.*

ABILITÀ

▷ Prevedere 2

1. Leggi i titoli. Scrivi alcune frasi sui possibili contenuti degli articoli.

La casa dei sogni

Questo è il problema

La casa della fortuna

Casa o non casa

2. Ora, a coppie confrontate le vostre idee.

3. Leggi l'articolo e metti in ordine i paragrafi.

a) Giacomo ha comprato una casa.
E che casa! Una vecchia fabbrica, grande, brutta e grigia. Ma ora è tutta diversa.

b) Il padre di Giacomo è operaio, sua madre casalinga.
E i soldi per cambiare vita? La fortuna a volte aiuta. La fortuna di Giacomo si chiama Totocalcio.
Da un anno tutto è diverso! Da un anno tutto è nuovo! Voi cosa fareste con due milioni di euro?

c) Al primo piano c'è la casa di Giacomo: un po' speciale. Gli chiediamo cosa manca nella sua casa e lui risponde: "Uno zoo." A voi immaginare com'è.

d) La casa - fabbrica si chiama *La casa della Fortuna*.
Al piano terra c'è una biblioteca con libri e riviste un po' speciali: solo sport o storie di gente fortunata e soprattutto tutto quanto riguarda le scommesse. In un'altra stanza tanti computer per qualsiasi informazione. C'è poi una palestra con tavoli da ping-pong e da biliardo, ecc.
Un bar e tanti comodi divani e poltrone.

e) Giacomo F., architetto napoletano disoccupato di 30 anni, non sa cosa fare nella vita.
Davanti a lui ci sono due possibilità: continuare a vivere come vive oggi o cambiare tutto.

....

RIFLESSIONE GRAMMATICALE

Articoli determinativi e indeterminativi in contrasto

1. Metti l'articolo determinativo o indeterminativo.

1 Nella mia camera c'è ....un..... armadio.

2 .... moglie di Paolo si chiama Daniela.

3 .... mia macchina è gialla.

4 .... fratello di Pietro fa il barbiere, l'altro è disoccupato.

5 .... lingua italiana non è molto facile.

6 Sotto .... appartamento dove vivo c'è .... supermercato.

7 .... Italia è .... paese molto bello.

8 Malta è .... paese piccolo, ma molto bello.

9 .... mio compleanno è .... 16 ottobre.

10 Questa è .... casa molto grande.

Preposizioni articolate							
	il	**lo**	**l'**	**la**	**i**	**gli**	**le**
a	al	allo	all'	alla	ai	agli	alle
da	dal	dallo	dall'	dalla	dai	dagli	dalle
di	del	dello	dell'	della	dei	degli	delle
in	nel	nello	nell'	nella	nei	negli	nelle
su	sul	sullo	sull'	sulla	sui	sugli	sulle

Preposizioni articolate =
di, a, da, in, su + articolo determinativo.

Si usano quando si parla di un oggetto,
persona o situazione molto precisa.
Esempio: - vado in cucina;
vado nella cucina di Anne.

2. Metti la preposizione articolata.

1 .... armadio   (*in*)
2 .... negozio   (*in*)

3 .... autobus   (*su*)
4 .... giornalaio   (*da*)

5 .... camera da letto   (*in*)
6 .... stazione   (*a*)

7 .... finestra   (*su*)
8 .... bambina   (*di*)

9 .... insegnanti   (*di*)
10 .... appartamento   (*in*)

3. Rispondi alle domande. Usa le preposizioni articolate dove necessario.

1 Dov'è il libro?   .....*Sulla*..... finestra.

2 Di chi è questa macchina?   .... sorella .... Peppi.

3 Da dove vieni?   .... Stati Uniti, ... New York.

4 Dove abitate?   .... centro .... Milano.

5 Dove sono le valigie?   .... letto.

6 Di chi è quest'ufficio?   .... idraulico .... Ditta "Subito da te!".

Indicazioni di luogo

sulle sedie

sotto
dietro   le sedie
tra/fra

vicino
di fianco
davanti   alla casa
di fronte

vicino

di fianco

davanti

di fronte

dietro

su

sotto

tra

4. Scegli l'indicazione di luogo corretta.

①

○ **a** Dietro la casa c'è una pianta.
○ **b** Davanti alla casa c'è una pianta.
○ **c** A sinistra della casa c'è una pianta.

②

○ **a** Sulla macchina c'è un uomo.
○ **b** Sotto la macchina c'è un uomo.
○ **c** Di fianco alla macchina c'è un uomo.

③

○ **a** Sotto il tavolo c'è un libro.
○ **b** Sul tavolo c'è un libro.
○ **c** A sinistra del tavolo c'è un libro.

④

○ **a** Il bambino è davanti ai suoi genitori.
○ **b** Il bambino è sui suoi genitori.
○ **c** Il bambino è tra i suoi genitori.

Nomi irregolari

Alcuni nomi che finiscono in **-o** sono femminili : **la** man**o** > **le** man**i**.
Alcuni nomi che finiscono in **-a** sono maschili: **il** poet**a** > **i** poet**i**; **l'**artist**a** > **gli** artist**i**

Osserva: *sia i femminili che i maschili hanno il plurale in -i: le mani, i poeti.*

Spesso sono nomi abbreviati:

singolare	plurale
la foto	le foto
la moto	le moto
l'auto	le auto
la radio	le radio
il cinema	i cinema

Osserva: sia i femminili che i maschili hanno il plurale uguale al singolare.

> ## Verbi irregolari

venire - indicativo presente		*dire* - indicativo presente

venire - indicativo presente

	Vengo a casa tua stasera.
	Vieni al cinema con me?
Sam	**viene** dal Ghana.
	Veniamo dalla Svezia.
Perché non	**venite** in vacanza con noi?
Paul e Linda	**vengono** da Londra.

dire - indicativo presente

dico
dici
dice
diciamo
dite
dicono

Verbi in -cere
vincere - indicativo presente

vinco
vinci
vince
vinciamo
vincete
vincono

Verbi in -gere
leggere - indicativo presente

leggo
leggi
legge
leggiamo
leggete
leggono

Preposizioni: *da e in*

Osserva l'esempio:

settembre •⌒⌒• oggi   settembre

Studio portoghese **da** settembre.   Vado sempre in vacanza **in** settembre.

Osserva la differenza:

un anno fa •⌒• oggi
Ho un lavoro da un anno.

gennaio •⌒• oggi •⌒• ottobre
Ho un lavoro per 10 mesi. Finisce in ottobre.

Provenienza: *da e di*

- **Di** dove sei?
- Sono brasiliana, sono **di** San Paolo.

- **Da** dove vieni?
- Vengo **dal** Brasile (oppure sono brasiliana), vengo **da** San Paolo.

5. Fa' le domande.

1 ....José viene da Madrid..........................? *(José)*

No, da Barcellona.

2 ....? *(in vacanza)*

In marzo.

3 ....? *(per la Ditta Lamberti)*

Dal 1992.

4 ....? *(Gianni e Sara)*

Di Venezia.

5 ....? *(in Italia)*

Da tre settimane.

6 ....? *(i tuoi amici)*

Dal Cile.

da = a casa di

Osserva: Tutti i giorni vado a mangiare **a casa di** mia madre.
Tutti i giorni vado a mangiare **da** mia madre.

andare e **venire** + preposizioni:	**a** Milano. **in** Francia/Europa/Lombardia **da** Giovanni **a** giocare a tennis

Vedi Percorso 8.

6. Trasforma le frasi con *da* o *a casa di*.

1 Perché non andiamo da Marco stasera?

..........Perché non andiamo a casa di Marco stasera?..............

2 In questo momento Lino è a casa di Giovanna.

....

3 Tutti gli anni in settembre vado a casa dei miei zii.

....

4 Per Natale sono a pranzo da mia nonna.

....

Secondo me, stasera non vado al cinema.

Ripasso delle preposizioni

7. Completa con le preposizioni (articolate e non).

1 I libri sono .....sul....... tavolo. (*su*)

2 Ho un nuovo lavoro .... settembre .... anno scorso. (*da, di*)

3 L'anno prossimo .... marzo vado .... Madrid ....

fare un corso .... spagnolo .... tre mesi. (*in, a, a, di, per*)

4 Vado spesso a casa .... mia zia Lina. (*di*)

5 Il cinema è .... sinistra .... banca. (*a, di*)

6 - .... chi è questa penna?

- È .... padre .... Antonio. (*di, di, di*)

7 - .... dove sei?

- Sono portoghese, vengo .... Lisbona. (*di, da*)

8 .... mia camera c'è uno specchio davanti .... letto. (*in, a*)

Abbastanza

Osserva:

La lingua italiana è
+ **abbastanza** difficile.

++ **molto** difficile.

8. Guarda le figure e fa' delle frasi.

1 .....La persona numero 1 è abbastanza bassa.......... **2** ....

3 .... **4** ....

5 .... **6** ....

CIVILTÀ

La casa

1. I tuoi genitori stanno cercando una casa o un appartamento da affittare per le prossime vacanze in Italia. Vengono con voi anche alcuni vostri amici che vivono in Belgio. Leggi gli annunci che seguono e scegli la soluzione che ti sembra più adatta.

Affitto alla Maddalena (SS), zona Cala Gavetta, monolocale 4 posti letto da giugno a settembre. Loredana Paggiolu, Aglientu (SS), tel. 079/65.43.28.

Affittasi in Costa Azzurra (Francia) appartamento 5 posti letto dotato di tutti i comfort. Maddalena Ollosi, via S. Giovanni 29, Carmagnola (TO), telefono 011/97.11.143.

Affitto a Stintino (SS) appartamento in villetta con giardino, ottima posizione, vicinanze spiaggia. Telefono 079/51.45.19.

Affitto a Lubagnu Castelsardo (SS) monolocale per 2 persone e appartamento per 3 a m 50 dal mare, periodo giugno-settembre. Giovanni Addis, via Monte Bisbino 15, Seregno (MI), tel. 0362/86.22.83.

Affittasi a Lacona (Isola d'Elba - LI) 2 villette formate da 3 appartamenti indipendenti all'interno di mq 5.000 di parco/giardino, a 4 minuti a piedi dal mare. Giuliana, telefono e fax 0565/96.41.79.

Affittasi a S. Cesarea Terme (LE) villino su due livelli super arredato composto da: 3 camere da letto, doppi servizi, cucina, posto auto, giardino privato e pineta, a m 300 dal mare. Secondo Baldacci, via F.lli Cervi 28, Brindisi, telefono 0831/59.02.63.

Affittasi a Portopino (CA) villetta 5/6 posti letto per il mese di agosto. Telefonare 0781/67.17.95.

Affitto a Loano (SV) alloggio 5 posti letto in villaggio a km 3 dal mare, tranquillissimo, grande terrazza panoramica, da giugno a settembre anche settimanalmente. Telefonare 0182/98.91.65 oppure 019/67.58.39 (ore ufficio).

Affitto nel centro storico di Montemarcello (SP) piccoli appartamenti ristrutturati da 2/4/6 posti letto, per fine settimana o settimane intere. Si accettano animali. Telefonare 0187/67.08.44.

Affittasi a Lido del Sole/Rodi Garganico (FG) appartamento 4 posti letto, ingresso indipendente, giardino, a m 100 dal mare. Annabella Tellamaro, via della Rocca 13, Foggia, tel. 0881/77.47.74 (ore ufficio).

Affitto nei dintorni di Lugano (Svizzera) villetta per 6/8 persone, con giardino e bosco, in collina, vista stupenda, grande patio con forno per barbecue, freschissimo, ombreggiato, a 15 minuti dal lago. Periodo estivo (al mese o per 15 giorni). Telefono 010/37.28.491.

Affitto a Camogli (GE), da giugno ad agosto anche quindicinalmente, appartamento con 5 posti letto molto confortevole, sul mare. Tel. 010/83.13.849.

Affitto a Balestrate (PA) appartamento panoramico nel Golfo di Castellammare, arredato e corredato di ogni comfort, composto da: 2 camere da letto, cucina, soggiorno con divano letto, servizi, balconi, terrazzo, disponibile in ogni periodo dell'anno anche settimanalmente. Rosa Agrusa, via Luigi Capuana 70, Balestrate (PA), tel. 091/87.86.940.

Affitto nell'Isola di Pantelleria (TP) dammusi vista mare completamente arredati e dotati di ogni comfort, per ogni periodo dell'anno anche settimanalmente. Tel. 0923/91.23.67.

Affitto in Sardegna, nel residence Calaverde (CA), trilocale 6 posti letto, pineta e spiaggia privata, tennis, piscina, bar, pizzeria, supermercato, per i mesi di giugno e settembre. Prezzi modici. Luisa Torchiani, via Montaione 40, Roma, tel. 06/81.22.606.

N.B. Se non conosci le località indicate, cerca sul dizionario o sull'enciclopedia le sigle corrispondenti alle città, poi sulla cartina dell'Italia vedi se si tratta di una località di mare, montagna, una città, ecc.

Ora scrivi agli amici per informarli della tua proposta. Inizia così:

Carissimi,
per le prossime vacanze, cosa ne dite di questa casa (questo appartamento)?

....

....

....

....

....

....

....

Progetto

1. Disegna la piantina della stanza che ti piace di più di casa tua.

2. Scrivi sulla piantina i nomi degli oggetti.

3. Ora, ascolta il tuo insegnante e gioca.

io

	1	2	3	4	5	6	7	8	9	10	11	12	13	14	15	16	17	18	19	20	21	22	23	24	25	26	27	28	29	30	31
gennaio																															
febbraio																															
marzo																															
aprile																															
maggio																															
giugno																															
luglio																															
agosto																															
settembre																															
ottobre																															
novembre																															
dicembre																															

mio compagno / mia compagna

	1	2	3	4	5	6	7	8	9	10	11	12	13	14	15	16	17	18	19	20	21	22	23	24	25	26	27	28	29	30	31
gennaio																															
febbraio																															
marzo																															
aprile																															
maggio																															
giugno																															
luglio																															
agosto																															
settembre																															
ottobre																															
novembre																															
dicembre																															

4. A casa cerca immagini delle seguenti tipologie di case italiane: casa di campagna, palazzo, condominio, casa a schiera, villa. Poi incollale o disegnale su questa pagina. Cerca le stesse tipologie di case nel tuo paese. Ci sono delle differenze?
Ci sono tipologie di case che esistono in Italia e non nel tuo paese? E al contrario?
Durante la lezione successiva mostra le immagini a un tuo compagno e rispondi alle domande parlandone con lui.

PERCORSO 6
LA VITA QUOTIDIANA

1. Abbina le azioni del riquadro alle figure.

ora: ....

ora: ....

ora: ....

ora: ....

ora: ....

ora: ....

ora: ....

ora: ....

ora: ....

ora: ....

- ☐ fare la doccia
- ☐1 svegliarsi
- ☐ finire di studiare
- ☐ alzarsi
- ☐ studiare
- ☐ guardare la tv
- ☐ pranzare
- ☐ fare colazione
- ☐ andare a letto
- ☐ lavarsi
- ☐ cenare

2. Ascolta la descrizione di una tipica giornata di Giorgio e indica se le affermazioni sono vere o false.

	vero	falso
1 Giorgio va al liceo.	▪	▪
2 Giorgio non va mai a scuola di pomeriggio.	▪	▪
3 La mamma di Giorgio è casalinga.	▪	▪
4 Il papà accompagna Serena a scuola.	▪	▪
5 La mamma di Giorgio va a casa a pranzo.	▪	▪
6 Giorgio ha l'allenamento di calcio due volte alla settimana.	▪	▪
7 Giorgio sa usare il computer.	▪	▪
8 A Giorgio piace leggere.	▪	▪

3. Ascolta nuovamente la descrizione di Giorgio e metti gli orari nei disegni dell'esercizio 1.

4. Guarda il tabellone delle partenze degli aerei e completa gli spazi. Scrivi gli orari in lettere.

Volo	Destinazione	Orario	Uscita
AZ349	Berlino	03.05	8
AF497	Parigi	05.15	6
SA112	Stoccolma	09.30	1
BA182	Londra (Luton)	07.10	4
AZ898	Bruxelles	12.00	12
AZ334	Barcellona	13.25	7
IB123	Madrid	18.40	9
KL667	Amsterdam	20.45	1
MX109	Città del Messico	21.50	3
AF556	Marsiglia	22.55	8
BA963	Edimburgo	02.40	11

1 03.05 tre .... *e cinque* ....

2 05.15 cinque .... *e un quarto* ....

3 09.30 nove .... *e mezza* ....

4 07.10 ....

5 12.00 ....

6 13.25 una ....

7 18.40 sette .... *meno venti* ....

8 20.45 nove .... *meno un quarto* ....

9 21.50 ....

10 22.55 ....

11 02.40 ....

Alla scoperta della lingua

Abbina gli orari scritti in cifre con la trascrizione in lettere.

3.10
5.30
2.15
6.40
10.45

due e un quarto
sette meno venti
undici meno un quarto
tre e dieci
cinque e mezza
(oppure mezzo)

5. Scrivi gli orari che senti.

1 ....*tre e un quarto*...............

2 ....

3 ....

4 ....

5 ....

6 ....

7 ....

8 ....

9 ....

10 ....

> 12.00 = mezzogiorno.
> 24.00 = mezzanotte.

6. Insieme a un compagno guarda gli orologi. Poi a turno chiedete e dite che ore sono.

Esempio: - *Che ore sono?*   - *Che ore sono?*
         - *Sono le tre e cinque.*   - *È l'una e cinque.*

Alla scoperta della lingua

Come si risponde alla domanda: **Che ore sono?**

Con le ore si usa l'articolo **le** (le 5 e 10) e il verbo al plurale **sono**.

Però osserva: **è l'una.**

Con **mezzogiorno** e **mezzanotte** non si usa l'articolo e il verbo è al singolare.

7. Ascolta e ripeti i giorni.

mercoledì   sabato

lunedì   giovedì   **venerdì**

martedì   domenica

> **il** lunedì, **il** martedì, ecc.
> ma
> **la** domenica.

8. Scrivi una breve descrizione di una tua settimana tipica e indica gli orari.

Durante la settimana

lunedì ....

....

....

....

....

....

....

Il fine settimana

sabato ....

....

....

....

....

....

....

 9. Guarda com'è diviso il giorno e fa' delle frasi.

Il giovedì pomeriggio non lavoro.
ma
di pomeriggio non lavoro.

Esempio: *Il lunedì mattina mi alzo alle sette.*

 10. A coppie, a turno fate delle domande per scoprire com'è una tipica settimana del vostro compagno. Se avete bisogno di un aiuto guardate l'esercizio 8. Vince chi indovina azioni e orari con meno domande.

Esempio: - *Ti svegli alle otto?*
         - *No / Sì.*

Alla scoperta della lingua

Che preposizione
si usa per rispondere
alla domanda
"A che ora... ?"

A che ora ti
svegli di solito
la domenica
mattina?

Alle 10.

Alle 10?
Che
fortunato!

11. Ti ricordi Giorgio? Scrivi delle domande per le sue risposte.

1 - ....*Quanti anni hai*...?
  - 13.

2 - ....?
  - Non ci svegliamo tardi. Di solito alle 7 meno un quarto.

3 - ....?
  - Sì, quasi sempre. Ma a volte il papà esce presto e fa colazione al bar.

4 - ....?
  - Io vado a piedi, mentre la mamma accompagna Serena in macchina.

5 - ....?
  - No, non è casalinga, lavora in un ufficio.

6 - ....?
  - La scuola è abbastanza difficile e ci sono molti compiti da fare.

7 - ....?
  - No, la domenica siamo a casa!

8 - ....?
  - Di mattina, dal lunedì al sabato. Il giovedì pomeriggio dalle 2 alle 5.

12. Metti in ordine gli avverbi di frequenza.

Sempre

....

....

....

....

....

....

Mai

di solito

raramente

a volte

quasi sempre

spesso

> Con **mai** il verbo
> è alla forma negativa:
> - **Non** vado **mai** al cinema.

> - Mi sveglio **sempre** alle 7.
>
> Solitamente gli avverbi vanno
> dopo il verbo, ma si possono
> trovare in posizioni diverse.

13. Ora in gruppi di tre, a turno intervistate i vostri compagni e completate la tabella.

Esempio: *Non vi svegliate mai alle 6 del mattino?*
  A : *Sì, spesso*   B : *No, quasi mai.*

	A	B
Svegliarsi alle 6.	....	....
Fare colazione alle 6.30.	....	....
Uscire di casa alle 7.	....	....
Cominciare a studiare alle 8.	....	....
Pranzare alle 13.30.	....	....
Fare la doccia alle 17.	....	....
Finire di studiare alle 19.	....	....
Guardare la tv alle 20.	....	....
Andare a letto alle 2.	....	....
Alzarsi alle 4 del mattino.	....	....

LESSICO

 1. Osserva i disegni.

1 cucinare

2 lavare i piatti

3 pulire

4 stirare

5 lavare i vestiti

6 fare il letto

7 mettere in ordine

2. Ascolta due giovani italiani che parlano dei lavori di casa. Completa la tabella.

	Maurizio	Franco
sempre	Stirare	....
quasi sempre	....	....
di solito	....	....
spesso	....	....
a volte	....	....
raramente	....	....
quasi mai	....	....
mai	....	....

3. Ora a coppie parlate della vostra famiglia. Chi fa cosa?

4. Completa lo schema con le azioni e gli orari della tua giornata in sequenza.

Svegliarsi	Ore
....	....
....	....
....	....
....	....
....	....
....	....
....	....
....	....

ABILITÀ

Comprensione globale

Questa tecnica consiste nel leggere velocemente o ascoltare un testo per comprendere l'idea principale, senza cercare di capire tutte le informazioni.

1. Abbina le informazioni sui film ai riassunti. Hai 2 minuti di tempo.

HARRY POTTER E LA CAMERA DEI SEGRETI

①

IL RITORNO DI SANDOKAN

②

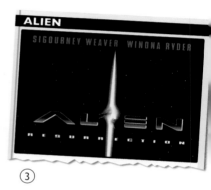

ALIEN
SIGOURNEY WEAVER   WINONA RYDER

③

Origine: Stati Uniti   ● ★ ★ ★ ★
Genere: Fantascienza
Durata: 115'
Regia: Ridley Scott
Attori: S. Weaver, T. Skerrit, H. D. Stanton

Un essere mostruoso entra nell'astronave Nostromo. Qui causa terrore e morte tra l'equipaggio. Sopravvive solo il tenente Ripley con il suo gatto. È lei che manda nuovamente la creatura nello spazio per poi tornare sana e salva sulla Terra.

ⓐ

Origine: Stati Uniti   ◐ ★ ★ ★
Genere: Fantastico
Durata: 160'
Regia: Chris Columbus
Attori: Daniel Radcliffe (Harry Potter)
Emma Watson (Hermione Granger)
Kenneth Branagh (Gilderoy Lockhart)

Harry Potter è nella sua stanza con uno strano essere: un elfo chiamato Dobby che gli dice di stare attento perché corre grandi pericoli e di non tornare a Hogwarts in settembre. Harry decide di non ascoltarlo e torna nell'edificio scolastico, dove ci sono strane, inquietanti atmosfere, a causa della apertura della Camera dei Segreti. Solo dopo la scoperta di un diario e grazie all'aiuto di un fantasma, Harry trova la forza per entrare nella Camera dei Segreti e scontrarsi con il mostro.

ⓑ

Origine: Italia   ● ★ ★
Genere: Avventura
Durata: 180'
Regia: Enzo Castellari
Attori: Kabir Bedi, Vittoria Belvedere
Franco Nero, Romina Power, Fabio Testi

Il vecchio amico Yanez (compagno della regina Surama dell'Assam) chiama Sandokan. L'eroe ritorna dal suo esilio e accetta di combattere a fianco del suo amico per proteggere il regno dell'Assam, attaccato dal potente raja Raska e dall'inglese James Guilford, aspirante governatore di quelle terre.

ⓒ

☐☐ ☐☐ ☐☐

2. A coppie, scegliete uno dei tre film e a turno spiegate il contenuto.

3. Ora racconta ai tuoi compagni la storia di un film che ti è piaciuto.

RIFLESSIONE GRAMMATICALE

> ### Verbi irregolari

Verbi riflessivi

uscire
indicativo presente

esco
esci
esce
usciamo
uscite
escono

Indicativo presente

Mi chiamo Anna.
Ti alzi sempre alle 8?
Lucia **si** sveglia alle 7 tutti i giorni.
Ci chiamiamo Anna e Domenico.
Vi alzate sempre alle 8?
Lucia e suo figlio **si** svegliano alle 7 tutti i giorni.

1. Forma delle frasi.

1 Giovanni/alzarsi/alle 8. .... *Giovanni si alza alle 8.* ....

2 Mia moglie e io/svegliarsi/alle 7. ....

3 Come/chiamarsi (voi)? ....

4 I gatti/lavarsi/spesso. ....

2. Trova l'errore e correggilo.

1 Paolo ci svegliamo sempre alle 8. .... *Paolo si svegia sempre alle 8.* ....

2 Come ti chiami il tuo cane? ....

3 A che ora ti alzi tu e tuo fratello? ....

4 Io si lava sempre prima di andare a letto. ....

Possessivi singolari e plurali

		maschile		femminile	
		singolare	plurale	singolare	plurale
I	persona	mio	miei	mia	mie
II	persona	tuo	tuoi	tua	tue
III	persona	suo	suoi	sua	sue
I	persona	nostro	nostri	nostra	nostre
II	persona	vostro	vostri	vostra	vostre
III	persona	loro	loro	loro	loro

Aggettivi e pronomi possessivi.
I pronomi e gli aggettivi possessivi in italiano sono uguali.

1 = aggettivo   2 = pronome

*La **mia** (1) camera è grande, la **tua** (2) è piccola.*

Osserva l'esempio: l'aggettivo è seguito dal nome, mentre il pronome sostituisce il nome.

Loro non cambia mai.

3. Completa le frasi con il possessivo.

1 Questo è il ......mio...... libro. Non vedi che è sul mio banco?

2 Noi siamo tedeschi, ma i .... genitori sono italiani.

3 Vieni ti presento i .... amici!

4 Ecco Silvia e Gregorio con i .... figli.

5 Sei stanca? Non ti piace più il .... lavoro?

6 Prendete! Queste sono le .... penne! Le .... sono qui.

7 La figlia di Luca e Cristina si chiama Angela, il .... figlio si chiama Luigi.

8 Non so dov'è .... moglie. Forse è ancora al lavoro.

Aggettivo dimostrativo: *quello*			
maschile		**singolare**	**plurale**
davanti a una consonante:		*quel* libro	*quei* libri
davanti a S + consonante, Z, PS, GN, X:		*quello* studente	*quegli* studenti
davanti a una vocale:		*quell'*appartamento	*quegli* appartamenti
femminile		**singolare**	**plurale**
davanti a una consonante:		*quella* casa	*quelle* case
davanti a una vocale:		*quell'*amica	*quelle* amiche

Questi fiori sono belli.

Quei fiori sono belli.

4. Metti l'articolo determinativo e l'aggettivo dimostrativo.

1 ...il.... giardino   ....questo........   ....quel........

2 .... giornale   ....

3 .... infermiera   ....

4 .... esercizio   ....

5 .... film   ....

6 .... parola   ....

7 .... uomo   ....

8 .... paese   ....

9 .... stanza   ....

10 .... anno   ....

5. Metti l'articolo determinativo e l'aggettivo dimostrativo.

1 ...i..... giardini   ....questi........   ....quei........

2 .... giornali   ....

3 .... infermiere   ....

4 .... esercizi   ....

5 .... film   ....

6 .... parole   ....

7 .... uomini   ....

8 .... paesi   ....

9 .... stanze   ....

10 .... anni   ....

6. Guarda le figure e completa le nuvolette.

Andare in / a

Vado	**a**	casa scuola letto lezione teatro
	al	bar centro com- merciale ristorante cinema
	alla	stazione posta
	all'	università
	in	albergo banca città classe discoteca piazza palestra ufficio

Rete! Junior parte B
Percorso 9:
Vado dal macellaio / in macelleria.

7. Invita un amico.

Usa "perché non..." + presente indicativo o "ti va di..." + infinito.

1 ...... *Perché non andiamo al / Ti va di andare al* ...... cinema?

2 .... città?

3 .... scuola?

4 .... ristorante?

5 .... bar?

6 .... casa?

7 .... teatro?

8 .... discoteca?

Le date

- Che giorno è oggi?   - (Oggi) è giovedì.

- Quanti ne abbiamo oggi?   - (Oggi) è martedì 3 gennaio.
  (Che giorno è oggi?)   - (Oggi) è il 3 gennaio.
                       - Ne abbiamo 3.

Osserva: con le date non ci sono preposizioni.

CIVILTÀ

Gli orari in Italia

In Italia gli orari e i giorni di apertura dei luoghi pubblici cambiano leggermente da città a città, ma in generale le differenze non sono troppe. Osserva bene le immagini e rispondi alle domande che seguono:

1 A che ora aprono e chiudono la banche in Italia?
2 Sono aperti i negozi in Italia la domenica?
3 Qual è, in generale, il giorno di chiusura di musei, monumenti, ecc.?
4 I ristoranti e i bar sono aperti tutti i giorni della settimana?
5 Quando sono aperti gli uffici postali?

E nel tuo paese, quali sono gli orari di bar, banche, musei, negozi, supermercati, ecc.?
Chiedi anche ad alcuni tuoi compagni e decidete se gli orari sono migliori in Italia
o nel vostro paese.

Esempio: - *A che ora aprono e chiudono le banche in Germania\Francia\Gran Bretagna, ecc.?*
              - *I musei sono aperti ogni giorno nel tuo paese?*
              - *La domenica sono aperti i supermercati?*

Progetto

1. Porta a scuola immagini con gli orari di apertura e chiusura dei negozi, uffici e musei della tua città e incollale nel quaderno.

2. Intervista delle persone e chiedi quali orari vanno bene per i negozi della loro città.

3. Osserva queste foto:

In Italia, in generale, i nomi delle vie, delle piazze ricordano persone e date famose della storia nazionale, nomi di altre città, spesso importanti, nomi presi dalla geografia. Sai:

1 Chi è Garibaldi?

2 Chi è Dante?

3 Cosa ricorda il XXV aprile?

4 Che cosa è il Po?

Adesso abbina le foto alle denominazioni giuste:

a un famoso pittore

b un uomo politico, ha reso possibile l'unità d'Italia

c la capitale italiana

d il fiume italiano più lungo

e la data della liberazione dai fascisti e dai nazisti nel 1945

f un famoso letterato

g un santo

h una città

PERCORSO 7
IL CIBO, AL RISTORANTE

1. Mancano dei prodotti? Abbina i nomi ai disegni.

……. ……. ……. ……. …….

 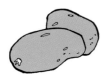 

……. ……. ……. …….

……. ……. ……. ……. …….

……. ……. ……. …….

> zucchero, pomodori, uova, sale, pera, mela, carne, farina, olio,
> insalata, patate, pane, latte, birra, aglio, burro, cipolle, formaggio

2. Ora completa la tabella con alcuni prodotti.

un chilo di	un litro di	una bottiglia di	una scatola di	un pacchetto di
zucchero				

 3. Ascolta il dialogo e, leggendo il testo, trova le differenze.

Claudio: Oggi devo andare io a fare la spesa, vero?

Mamma: Sì, tocca a te.

Claudio: Di cosa abbiamo bisogno?

Mamma: Non c'è quasi niente in casa.

Claudio: È vero il frigo è quasi vuoto. Allora: latte, uova, yogurt, burro... no, il burro c'è.

Mamma: Uh, che bravo! Stai diventando un uomo! Compra anche mezzo chilo di carne di manzo per fare delle fettine... E un pollo. Ah, anche uno o due etti di prosciutto e un melone.

Claudio: Nient'altro?... Io vorrei un po' di gelato al cioccolato.

Mamma: D'accordo e se viene qualche tuo amico di scuola?... Compra anche qualcosa da bere, se avete sete... Non so, una bottiglia di tè alla pesca. Ah, ci vogliono anche due scatole di tonno e tre di fagioli.

Claudio: Posso andare adesso?

Mamma: Sì, ma non dimenticare la rivista per il papà!

Claudio: Ciao. Ah, e i soldi? Di quanti soldi ho bisogno?

Mamma: Tieni. Ecco 50 euro!

> 100 grammi = un etto.
> 200 grammi = due etti.

 4. Al ristorante! Completa il menu del Ristorante La Torre.

Ristorante
La Torre

Antipasti:
....
....
....
....
....

Contorni:
....
....
....
....
....

Primi piatti:
....
....
....
....
....

Dolci:
....
....
....
....
....

Secondi piatti:
....
....
....
....
....

Bevande:
....
....
....
....
....

mousse di cioccolato

tè   spaghetti al ragù

patate arrosto

patate fritte   caffè

spinaci   torta di frutta fresca

zuppa di verdure

antipasto di pesce

insalata mista

fritto misto di pesce

bibite gasate   gelato della casa

vini rossi e bianchi italiani

zucchini melanzane e peperoni alla griglia

lasagne

prosciutto e melone

salumi misti

pasta e fagioli

carciofi alla diavola

acqua minerale

pollo ai funghi

merluzzo con cipolle

penne all'arrabbiata

carne alla griglia

piselli lessi

arrosto di maiale

salsiccia ai ferri

5. Ascolta la conversazione e indica quali piatti ordinano Claudio e Anne.

6. Ora leggi e riordina prima la parte A della conversazione, poi la B e infine la C.

A

1 - Buonasera. Sì, c'è un tavolo libero?
2 - Sì, di fianco a quella pianta... Prego, se volete, potete sedervi, il menù è sul tavolo.
3 - Buonasera. Siete in due?

B

1 - Acqua minerale per me, per favore.
2 - Vorrei dell'acqua minerale.
3 - Scusate, di chi sono queste chiavi? Sono vostre?
4 - Ah, sono mie, grazie.
5 - Volete ordinare?
6 - Sì, allora, per me un piatto di risotto ai funghi e della carne alla griglia.
7 - E di contorno?
8 - E da bere? Cosa vuoi?
9 - Vorrei dell'insalata mista.
10 - E tu, cosa vorresti mangiare?
11 - Un antipasto di mare e un piatto di penne all'arrabbiata.
12 - E da bere?
13 - Vorrei un antipasto e un primo.
14 - Cosa vorresti mangiare?
15 - Per me una coca-cola, per favore.

C

1 - Le mie penne erano buonissime.
2 - Per me un gelato al cioccolato e alla crema, per favore.
3 - Cameriere, il conto per favore.
4 - Volete un dolce, un po' di frutta?
5 - Per me del gelato al cioccolato. Vorresti un dolce anche tu?

Alla scoperta della lingua

Si sa quanta carne ordina il cliente?

Della indica una quantità indeterminata. Leggi il testo della conversazione e trova altri esempi dove **del/dello/della/dell'/dei/degli/delle** sono usati allo stesso modo.

7. Ascolta nuovamente la conversazione e controlla il tuo ordine.

Alla scoperta della lingua

Sottolinea la domanda corretta.

1) - Con chi è questa torta?
2) - A chi è questa torta?   - È di Maurizio.
3) - Di chi è questa torta?

8. Lavora con due compagni. Fate una conversazione simile, usando il menu del Ristorante *La Torre*.

PERCORSO 7
IL CIBO, AL RISTORANTE

LESSICO

1. Quante cose da mangiare conosci?
   Prova a completare gli schemi.

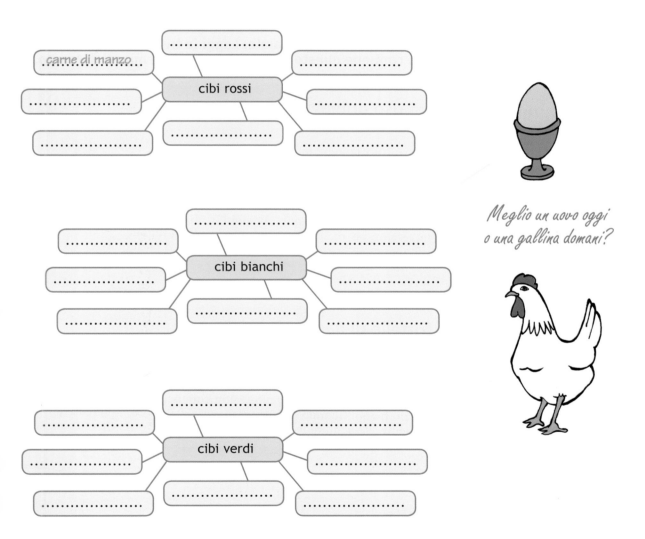

....

carne di manzo

....

cibi rossi

....

....

....

....

....

....

....

cibi bianchi

....

....

....

....

....

....

....

cibi verdi

....

....

....

....

*Meglio un uovo oggi
o una gallina domani?*

2. Sei un bravo cuoco o una brava cuoca?
   Scrivi la lista di ingredienti necessari per una ricetta tipica del tuo paese.
   Usa il dizionario se necessario.

3. Ora, a coppie parlate degli ingredienti delle vostre ricette.
   A turno, cercate di indovinare di cosa avete bisogno per preparare la ricetta
   del vostro compagno.

ABILITÀ

Comprensione selettiva

Questa tecnica consiste nel leggere un testo alla ricerca di informazioni specifiche.

1. La mamma di Claudio sta preparando una festa di fine anno scolastico per gli amici di Claudio. Due ragazzi non mangiano carne di maiale. Leggi le tre ricette e trova quella che non va bene perché contiene questo tipo di carne. Hai tre minuti di tempo.

Fa caldo, rinfreschiamoci: riso primavera (A)

La preparazione

Mettete una pentola piena d'acqua sul fuoco; appena l'acqua comincia a bollire bene, versate due manciate di sale grosso e il riso. Lasciate cuocere senza coperchio per 15 minuti e, dato che la cottura dipende dalla qualità del riso, dopo 10 minuti controllate. Togliete il riso dal fuoco "al dente", cioè a chicco sodo e un po' crudo. Per fermare la cottura, versate sul riso dell'acqua fredda. Scolate il riso e "asciugatelo" in un tovagliolo pulito; quindi mettetelo in una zuppiera. Intanto tagliate a pezzi piccoli, ma non invisibili, tutti gli ingredienti, tranne il limone e il prezzemolo. Aggiungete un po' di sale fino, l'olio e il sugo di limone. Mescolate e distribuite sopra il riso. Coprite la zuppiera e mettete in fresco per qualche ora. Un'ora prima di portare in tavola aggiungete anche il basilico e il prezzemolo tritati.

Un invito al mare: frittelle di gamberi (B)

La preparazione:

In una tazza mescolate insieme gamberi, farina, polvere di peperoncino e tutti gli ingredienti tritati. Mescolate l'uovo leggermente sbattuto. Gradatamente aggiungete latte, mescolate e rendete denso. Aggiungete il sale. Quando l'olio è molto caldo cominciate a friggere, versando poco alla volta con un cucchiaio pieno. Quando la frittura diventa giallo oro, asciugate le frittelle con della carta assorbente. Presentate le frittelle a forme diverse e servitele calde con salsa di peperoncino o pomodoro.

Antipasto alla crema di latte (C)

La preparazione

Sbucciate i cetrioli e tagliateli a fettine sottilissime, metteteli in uno scolatoio e spargete sopra del sale fino. Lasciateli riposare per circa 2 ore perché perdano più acqua possibile. Poi lavateli, strizzateli un po' con le mani e avvolgeteli in un tovagliolo in modo che si asciughino bene. A parte, in una tazza, mescolate l'olio e l'aceto. Aggiungete, un po' alla volta, la crema di latte, il sale e il pepe. Su un piatto leggermente concavo mettete i cetrioli, il prosciutto tagliato a strisscioline sottili e coprite il tutto con il condimento preparato. Cospargete di prezzemolo tritato finissimo e guarnite con spicchi di uovo sodo.

Alla scoperta della lingua

Quanto hai capito?
Il 10%, il 30%, il 50%? È abbastanza per rispondere alla domanda iniziale?
Spesso non è importante capire tutte le parole e le informazioni.

2. Ora leggi le liste degli ingredienti e abbinale alle ricette.

Ingredienti per 4 persone: ①
250 g. di gamberetti teneri cucinati e tagliati finemente
220 g. di farina bianca
1/4 di cucchiaino di polvere di peperoncino
2 cipolle piccole tritate
1 testa d'aglio spaccata e tritata
2 rametti di menta tritati
1 uovo
latte
sale
olio in quantità sufficiente per friggere
salsa di pomodoro.

Ingredienti per 4 persone: ③
200 g. di riso
1 pomodoro maturo
100 g. di tonno in scatola
5 filetti d'acciuga
10 g. di capperi
3 cetriolini sott'aceto
100 g. di piselli freschi
qualche pezzetto di peperone sott'olio di diverso colore
1 carota piccola
un po' di prezzemolo
qualche foglia di basilico o di menta
1 limone
tre cucchiai di olio
sale

Ingredienti per 4 persone: ②
1 dl. crema di latte fresca
20 g. di prezzemolo
4 cetrioli
un uovo sodo
80 g. di prosciutto cotto
1 cucchiaio di aceto
5 cucchiai di olio extra vergine di oliva
sale e pepe

RIFLESSIONE GRAMMATICALE

Verbi irregolari

Queste sono forme
del condizionale:
Rete! 2 Unità 6.

volere indicativo presente	*volere* per esprimere un desiderio e offrire
voglio	vorrei
vuoi	vorresti
vuole	vorrebbe
vogliamo	vorremmo
volete	vorreste
vogliono	vorrebbero

Vorrei/vorresti/ecc. si usano per esprimere un desiderio
o fare una richiesta (1) e per offrire (2) in modo gentile.

1 *Vorrei un piatto di spaghetti alla bolognese, per favore.*
2 *Cosa vorrebbe bere?*

1. Cosa dici in questi casi?

1 Al ristorante un cameriere ti chiede cosa vuoi mangiare. Cosa ti dice?

...................*Cosa vorrebbe mangiare?*..

2 Sei dal macellaio, vuoi un chilo di carne di manzo.

....

3 Sei in pizzeria. Ordini una pizza margherita.

....

4 Al ristorante un cameriere chiede a te e a un tuo amico cosa volete mangiare.

....

5 Chiedi al tuo amico John se vuole venire al cinema con te.

....

6 Sei al bar con tua madre. Ordini un caffè e un tè.

....

Nomi irregolari

Non cambiano al plurale:

i nomi con una sola sillaba

singolare	plurale
il re	i re

i nomi che terminano con una vocale accentata

singolare	plurale
la città	le città
la virtù	le virtù
il caffè	i caffè

Alcuni nomi sono usati solo al singolare:
la frutta - la gente

> La gente ama le lasagne!

Ci sono molti plurali irregolari:

singolare	plurale
l'uomo	gli uomini

i nomi di origine straniera

singolare	plurale
l'autobus	gli autobus
il bar	i bar
il computer	i computer
il film	i film
lo sport	gli sport

i nomi che terminano in *i*

singolare	plurale
l'analisi	le analisi
la crisi	le crisi
la sintesi	le sintesi

Alcune parole che conosci terminano in *-co, -ca, -go, -ga* e hanno il plurale a volte diverso dal singolare:

singolare		plurale
amico	ma	amici
amica		amiche
medico		medici
meccanico		meccanici
psicologo		psicologi

nomi in **-io**

singolare		plurale	
-io	l'esempio il figlio il macellaio	-i	gli esempi i figli i macellai
-io (con l'accento sulla i)	lo zio	-ii	gli zii

2. Metti gli articoli e il plurale dei nomi.

1 .....L'..... esempio ....*gli esempi*..............

2 .... abilità ....

3 .... re ....

4 .... bacio ....

5 .... bidè ....

6 .... foto ....

7 .... zio ....

8 .... psicologo ....

9 .... idraulico ....

10 .... computer ....

11 .... problema ....

12 .... negozio ....

3. Completa le frasi con i nomi del riquadro.
Attenzione: i nomi del riquadro sono al singolare.

1 Nella fabbrica dei miei ....*zii*................. costruiscono delle macchine molto moderne.

2 Per Natale vorrei comprare due ...., uno per me e uno per mia moglie.

3 Al Motor show a Bologna ci sono delle .... bellissime.

4 Vorrei scrivere a Luis e Pamela, hai i loro ....?

5 Le .... di italiano sono molto allegre.

6 In questi giorni al cinema ci sono due .... che vorrei vedere.

7 Studiare nelle .... italiane può essere interessante,

ma anche difficile.

8 I nuovi .... della ditta di mio padre sono al terzo piano

di un bel palazzo in centro.

zio, lezione, indirizzo, ufficio, orologio, università, film, moto

del/dello/della/dell'/dei/degli/delle

Abbiamo **degli** studenti molto bravi!

Vorrei **dello** zucchero per favore!

Nella figura 1 **degli** si usa per indicare una quantità indeterminata.

Osserva gli esempi:
- Ho **uno** studente molto simpatico.
- Ho **degli** studenti molto simpatici.

Nella figura 2 **del** si usa per indicare una quantità indeterminata con nomi che non hanno di solito il plurale.

4. Osserva la figura per due minuti, poi scrivi quello che ricordi.

1 ......C'è dello zucchero sul tavolo.............   2 ....

3 ......Ci sono delle uova nel frigorifero..........   4 ....

5 ....   6 ....

7 ....   8 ....

9 ....   10 ....

I numeri ordinali

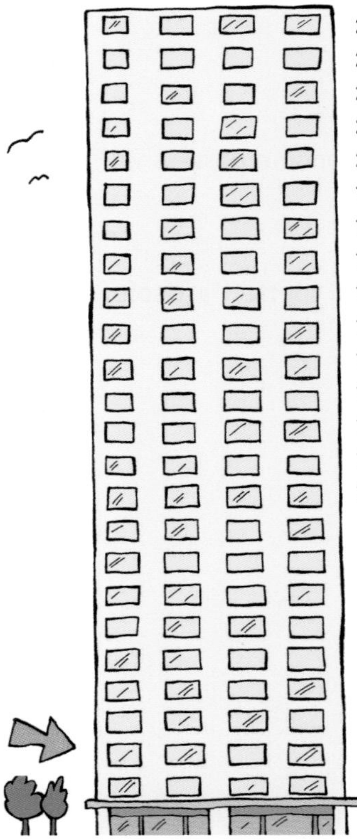

24 - ventiquattresimo
23 - ventitreesimo
22 - ventiduesimo
21 - ventunesimo
20 - ventesimo
19 - diciannovesimo
18 - diciottesimo
17 - diciassettesimo
16 - sedicesimo
15 - quindicesimo
14 - quattordicesimo
13 - tredicesimo
12 - dodicesimo
11 - undicesimo
10 - decimo
9 - nono
8 - ottavo
7 - settimo
6 - sesto
5 - quinto
4 - quarto
3 - terzo
2 - secondo
1 - primo

I numeri ordinali si comportano come gli aggettivi.

5. Scrivi i numeri in lettere.

1 Mia sorella abita al 2° piano. .... *secondo* ....

2 Vedi quella finestra al 4° piano? ....

3 È la 2ª volta che ti dico di aspettarmi! ....

4 Il mio ragazzo è arrivato al 27° posto nella gara di ieri. ....

5 È esattamente la 42ª telefonata che ricevo oggi. ....

6 Sono le 12ᵉ elezioni dal 1945. ....

7 C'è scritto 38°? ....

8 Questo è il 6° paio di calze che rompo questa settimana. ....

Hai notato?
Di solito si aggiunge **–esimo**
ai numeri dopo il dieci.

I pronomi possessivi

Osserva gli esempi:
- Di chi è quella casa? È di Roberto?
- Sì, è **sua**.

Nel caso di risposte brevi di solito non si mette l'articolo davanti al pronome possessivo.
- Quella casa è tua?
- No, non è mia, è di mio fratello.

Nelle domande in cui il pronome possessivo segue il verbo *essere* non si mette l'articolo.

Una "quasi" regola per aiutarti a non sbagliare:

se c'è l'articolo nella domanda si
ripete nella risposta!

- Questa è **la** vostra camera?
- No, non è **la** nostra.

6. Rispondi alle domande.

1 - Di chi è quella macchina? È di Luca?

 - Sì, ... è sua ....

2 - Di chi sono quei libri? Sono di Stefania?

 - No, ...

3 - Di chi è quel ristorante? È di Salvatore e della sua famiglia?

 - Sì, ...

4 - Di chi è questo computer? È tuo e di tua moglie?

 - No, ...

5 - Di chi è quel cane? È tuo?

 - No, ...

6 - Quelle giacche sono nostre?

 - No, ...

7 - Questa penna è tua?

 - Sì, ...

8 - Questa camera è vostra?

 - No, ...

CIVILTÀ

I pasti degli italiani

I pasti al Sud, generalmente, si consumano più tardi, mentre in estate si cena più tardi in tutta l'Italia.

1 La pasta

2 La pasta / Le paste

La colazione

È il primo pasto della giornata e in generale si fa tra le 7 e le 8 a casa. La tradizionale colazione italiana è composta da tè, caffè o caffelatte con biscotti oppure un dolce (una fetta di torta, brioche, ecc.) o pane, burro e marmellata. In questi ultimi anni sono entrati nella colazione italiana i cereali e lo yogurt, ma, almeno per il momento, non sembra una pratica molto diffusa. Molte persone hanno l'abitudine di fare colazione al bar con il tipico cappuccino e brioche.

Il pranzo

Il pranzo si consuma di solito dalle 12,30 alle 13,30. Fino a non molti anni fa il pranzo in famiglia, insieme alla cena, era un momento molto importante nella giornata degli italiani. Ora, con le nuove abitudini di vita, sta perdendo importanza, molte persone pranzano alle mense nei luoghi di lavoro oppure, per mancanza di tempo, si consuma un panino fuori casa. Chi pranza ancora in famiglia di solito mangia un primo piatto a base di pasta, un secondo a base di carne, pesce o uova con un contorno di verdure.
Per finire, la frutta e non può mancare il caffè.

La cena

La cena è ancora un momento importante nella vita degli italiani ed è il pasto principale della giornata. Tutta la famiglia si ritrova a tavola verso le 7,30-8 e si mangia senza fretta, parlando e discutendo. Il menu è molto simile a quello del pranzo in famiglia.

Progetto

1. Adesso prova a riempire la tabella con le informazioni della pagina precedente.

	colazione	pranzo	cena
A che ora?	....	....	....
Dove?	....	....	....
Cosa si mangia?	....	....	....
	....	....	....
	....	....	....
Con chi?	....	....	....

Lo spuntino
È un pasto molto leggero che si consuma
tra i pasti principali, può essere costituito
da un frutto, una merendina (dolce confezionato
di vario tipo), un panino, un cappuccino.

La merenda
È il pasto di metà mattina o del pomeriggio
dei bambini (dalle 4 alle 5). Tra compiti scolastici
e giochi i bambini mangiano un panino, un gelato
o una merendina.

2. Come sono i pasti nei vostri paesi? Sono come in Italia?
A piccoli gruppi rispondete a queste domande e provate a riempire la tabella.

paese		a che ora	dove	cosa	con chi
....	colazione	....	....	....	....
	pranzo	....	....	....	....
	merenda	....	....	....	....
	cena	....	....	....	....
....	colazione	....	....	....	....
	pranzo	....	....	....	....
	merenda	....	....	....	....
	cena	....	....	....	....
....	colazione	....	....	....	....
	pranzo	....	....	....	....
	merenda	....	....	....	....
	cena	....	....	....	....

3. Trova il testo di una ricetta italiana e incollala sul quaderno.

4. Scrivi il menù ideale per il tuo pranzo di compleanno.

....

....

....

....

**5. Gli italiani amano molto il caffè e in Italia ci sono vari modi di chiamarlo:
associa con una crocetta le definizioni nella tabella.**

	con molta acqua	con liquore	con poco latte	con poca acqua	con molto latte
caffè espresso					
cappuccino					
caffè macchiato					
caffè lungo					
caffè corretto					

E nel tuo paese come si dice? Confrontati con i tuoi compagni.

caffè espresso	....	....	....	....	....
cappuccino	....	....	....	....	....
caffè macchiato	....	....	....	....	....
caffè lungo	....	....	....	....	....
caffè corretto	....	....	....	....	....

PERCORSO 8
IL TEMPO LIBERO

1. Lavora con un compagno. Immaginate una breve descrizione di Francesca e scrivetela. Date informazioni sui seguenti punti:

età, scuola, famiglia, interessi/hobby/attività del tempo libero

2. Francesca è una ragazza di Bologna e oggi la intervista una radio locale. Ascolta la prima parte dell'intervista. Ci sono delle differenze rispetto alla tua descrizione?

3. Ascolta nuovamente l'intervista. Di quali attività del tempo libero parla Francesca?

1 .... *sciare* ....   2 ....

3 ....   4 ....

5 ....   6 ....

7 ....   8 ....

4. Come trascorrono il tempo libero le persone della tua età, i ragazzi più grandi e gli adulti nel tuo paese? Cosa fai tu di solito, cosa fanno i tuoi amici? Confronta la tua esperienza con quella di un compagno. Usate alcuni degli aggettivi del riquadro per descrivere ciò che fate e fanno.

emozionante   interessante   noioso   facile   difficile
creativo   caro   a buon mercato   rilassante
divertente   pericoloso   intelligente

5. Molti trascorrono il loro tempo libero in centri dove possono stare a contatto con la natura. Leggi il dépliant della *Casa del pony*. Sottolinea le attività più interessanti per te.

LA CASA DEL PONY

Vieni da noi a scoprire la natura!
Campi da tennis, calcio e pallavolo. Pista da golf e minigolf.
Percorsi per mountain bike, trekking.
Passeggiate a cavallo con e senza guida. Bird-watching.
Laboratori di fotografia, teatro, ceramica, ballo.
Inoltre puoi imparare a cavalcare, conoscere i funghi
e tante altre attività.

Per maggiori informazioni: Agriturismo La casa del pony
C.P. 641 Compiano (PR). Tel. 0525 672649

6. Ascolta la seconda parte dell'intervista a Francesca. Decidi se le affermazioni sono vere o false.

	vero	falso
1 La storia è accaduta 2 anni fa.	◼	◻
2 Francesca ha vinto un viaggio.	◼	◻
3 La professoressa di Francesca le ha telefonato.	◼	◻
4 Francesca ha mandato un e-mail alla Casa del pony.	◼	◻
5 Quando è arrivata là, ha visto molte altre persone.	◼	◻
6 Ha pagato molti soldi per il soggiorno.	◼	◻

Alla scoperta della lingua

7. Ascolta nuovamente la seconda parte dell'intervista e completa il testo. Usa i verbi del riquadro.

Comincio dall'inizio perché così capisci che ....*è stato*.......... ancora più bello. L'anno scorso a

scuola la mia prof. di italiano ci .... (2) di partecipare a un concorso per giovani

scrittori. Lei sa che mi piace scrivere e mi conosce bene: mi .... (3) che il premio

per il vincitore era un week-end a cavallo nell'Appennino organizzato da un'associazione ambientalista.

Il tema era "I giovani e la difesa dell'ambiente". Non mi .... (4) tanto il tema.

Poi però l'idea della montagna e dei cavalli... .... (5) sveglia una notte intera per

scrivere e secondo me alla fine .... (6) qualcosa di veramente brutto.

L' .... (7) alla prof. E poi mi sono completamente dimenticata della cosa. 10 giorni

fa mi .... (8) la prof. di italiano e mi ha detto che a scuola c'era una lettera per

me. Sono corsa a scuola e mi .... (9) la lettera, dentro .... (10)

un biglietto con scritto: "Complimenti! Hai vinto un week-end presso l'Agriturismo *La casa del pony*...

fare, produrre, dire, piacere, trovare, chiamare, dare, consegnare, chiedere

Alla scoperta della lingua

8. Completa la tabella. Riesci a dedurre la regola del passato prossimo?

Passato prossimo	
essere + participio passato	*avere* + participio passato
....	........ho chiesto........
....	....
....	....

LESSICO

1. Abbina le figure alle parole del riquadro.

fotografare, raccogliere monete, osservare le stelle, andare a pesca, andare a caccia, dipingere, fare teatro, suonare uno strumento, cantare, lavorare a maglia, andare in bicicletta, fare trekking, cucinare

2. Completa la tabella con le parole del riquadro.

Giardinaggio	Modellismo	Collezionismo	Altro
tagliare l'erba			

suonare, comprare schede telefoniche, scegliere cartoline, costruire modelli di aeroplani, fare ginnastica artistica, raccogliere francobolli, scambiare monete, innaffiare i fiori, dipingere, fare la maglia, tagliare l'erba

3. Abbina le stagioni ai disegni.

....

autunno **primavera** inverno estate

4. Adesso sono le 18.00 di Sabato 15 gennaio 2005. Metti in ordine di tempo le seguenti espressioni:

due giorni fa   il 5 luglio 1999   l'inverno scorso

l'anno scorso   stamattina   ieri pomeriggio   la settimana scorsa

tre ore fa   ieri

1 ....

2 ....

3 ....

4 ....

5 ....

6 ....

7 ....

8 ....

9 ....

10 Adesso, le 18.00 di Sabato 15 gennaio 2005

ABILITÀ

Collegare le idee

Per collegare due o più frasi si usano parole che in parte hai già visto.
Fa' gli esercizi 1, 2 e 3 per riordinare le tue conoscenze.

1. Completa le frasi con *perché*, *dove*, *quando*.

1 .... sono tornato dalle vacanze, ho trovato una lettera dello Zio Antonio.

2 Non mi ricordo .... ho messo le chiavi della macchina.

3 Vivo in una città .... non c'è molta criminalità.

4 In estate vado spesso in piscina .... amo nuotare.

2. Collega le frasi con *perché*, *dove*, *quando*. Elimina le parole che non servono.

1 Vado poco a ballare. Le discoteche non mi piacciono.

....

2 Ieri sono stato nella mia vecchia casa. In quella casa sono nato.

....

3 Ieri sera mia moglie è tornata a casa. Ho preparato la cena.

....

3. Completa le frasi con *e*, *ma/però*, *o/oppure*.

1 Stasera restiamo a casa .... andiamo al cinema.

2 Mi hanno detto che la cucina tailandese è molto buona, ... non l'ho mai provata.

3 Sto studiando molto .... non ho tempo per uscire con gli amici.

Puoi collegare le idee anche in senso temporale usando *prima*, *poi*, *e poi*.

4. Riscrivi le frasi usando *prima*, *poi*, *e poi*.

1 Ieri ho finito di lavorare. Sono andato a giocare a tennis.

2 Per fare la pizza "margherita" devi fare la pasta, con acqua, lievito, farina, olio e sale; mettere il pomodoro, l'origano e la mozzarella; cuocerla nel forno.

3 Quando arrivi in aeroporto devi fare il check-in, passare il controllo dei passaporti, andare all'uscita indicata per il tuo volo.

4 In Italia normalmente due persone si conoscono, si sposano, vanno a vivere insieme.

RIFLESSIONE GRAMMATICALE

Participio passato di verbi regolari e irregolari

Osserva i cartelli.

Il **participio passato** di molti verbi è regolare:

- **are**   am**are**   am**ato**
- **ere**   cred**ere**   cred**uto**
- **ire**   part**ire**   part**ito**

Ma altri verbi che già conosci sono **irregolari**:

bere	*bevuto*	perdere	*perso (perduto)*
chiedere	*chiesto*	piacere	*piaciuto*
chiudere	*chiuso*	piangere	*pianto*
correggere	*corretto*	(pro)porre	*(pro)posto*
correre	*corso*	prendere	*preso*
cuocere	*cotto*	rimanere	*rimasto*
decidere	*deciso*	rispondere	*risposto*
dire	*detto*	scegliere	*scelto*
dividere	*diviso*	scrivere	*scritto*
essere	*stato*	succedere	*successo*
fare	*fatto*	tradurre	*tradotto*
leggere	*letto*	vedere	*visto (veduto)*
mettere	*messo*	venire	*venuto*
nascere	*nato*	vincere	*vinto*
offrire	*offerto*	vivere	*vissuto*

Passato prossimo

Osserva l'esempio:
- *Ieri sera **ho** (1) **tradotto** (2) il testo di una canzone inglese molto bella e **sono** (1) **andato** (2) a letto tardi.*

Il **passato prossimo** si forma con:
l'indicativo presente (1) di *essere* o *avere* +
il participio passato (2) del verbo principale.

Il **passato prossimo** indica:
a. azioni avvenute da poco tempo e in relazione con il presente;
   - *Stamattina **ho** già **mangiato** 10 caramelle.*

b. azioni avvenute in un passato anche lontano.
   - ***Sono andato** a Parigi nel 1970.*

Il **passato prossimo** vuole *avere*
con **i verbi transitivi**, cioè quelli che dopo di sé hanno un complemento oggetto:
- *Ieri, su Repubblica, **ho letto** un articolo molto interessante.*

Il **passato prossimo** vuole *essere*
con **i verbi intransitivi**, cioè quelli che dopo di sé *non* hanno un complemento oggetto,
nella maggior parte dei casi e soprattutto con i verbi di
- **moto**   >   *andare, arrivare, tornare, ecc.*
- **stato**   >   *stare, rimanere, ecc.*
- **cambiamento di stato** >   *diventare, nascere, ecc.*

- *La settimana scorsa **sono rimasta** a casa tutto il fine settimana a riposare.*

> Nella lingua scritta e nell'Italia del Centro-sud si usa anche un altro tempo al posto del passato prossimo per esprimere un'azione finita e lontana nel tempo: il passato remoto. Vedi Rete! 2 Unità 11.

> I verbi transitivi devono cioè rispondere alla domanda **Che cosa?** In questo caso: **un articolo**. Questa regola vale anche se l'oggetto non è espresso: **Ieri sera ho letto**.

> Per l'uso di **essere** con i verbi riflessivi vedi Rete! Junior parte B Percorso 12.

> Anche con altri verbi si usa *essere*: **bastare, costare, dipendere, mancare, piacere, sembrare, succedere**;
>
> - **Sono bastate** le prime due partite per capire che quest'anno la Juventus non può vincere il campionato.
> - Ti **è piaciuta** la maglietta che ti ho regalato?

Accordo del participio passato

Osserva gli esempi:
- *Mia madre **è venuta** a Parigi con me.*
- *Ieri a pranzo **siamo andati** al ristorante cinese con i nostri amici.*

> Vedi Percorso 12.

Quando c'è il verbo **essere**, il participio passato si accorda con il soggetto,
sia per il numero (singolare o plurale) che per il genere (maschile o femminile).

Osserva l'esempio:
- ***Ho** comprat**o** una macchina nuova che mi piace moltissimo.*

Quando c'è il verbo **avere**, normalmente non c'è accordo.

1. Scrivi il verbo all'infinito.

1 cotto ....*cuocere*...............

2 stato ....

3 visto ....

4 detto ....

5 perso ....

6 chiuso ....

7 messo ....

8 corso ....

2. Metti le frasi al passato prossimo, cambiando le espressioni in corsivo.

1 Mario e sua moglie vanno *sempre* a lavorare in autobus.

.........*Ieri Mario e sua moglie sono andati a lavorare in autobus.*...........

2 *In estate* rimango spesso in città.

....

3 *Ogni mattina* compro il giornale.

....

4 *Tutti i mesi* dobbiamo pagare molte bollette.

....

5 *A volte* vedo dei programmi interessanti alla tv.

....

6 Mi faccio la barba *tutti i giorni*.

....

Attenzione!
Qui il verbo **fare** è usato
come riflessivo!

3. Completa le frasi con il verbo *essere* o *avere* e fa' l'accordo del participio passato dove necessario.

1 Ieri sera Martin e Joe ....*hanno*........ mangiat ..*o*..... in un ottimo ristorante.

2 Quando mi .... dett........ che arriva tua sorella?

3 Ieri sera Anna e Lucia .... tornat........ a casa in taxi.

4 Alice .... nat........ in agosto.

5 A che ora .... arrivat........ a casa di vostra zia?

6 La settimana scorsa non ci .... stat........ le lezioni a scuola.

4. Fa' le domande.

1 ....*Cosa avete visitato ieri a Roma*...............?
Il Colosseo e poi siamo andati in Vaticano.

2 ....?
Io una pizza e una coca, Franco un piatto di spaghetti al tonno e dell'acqua minerale.

3 ....?
In birreria con i miei amici.

4 ....?
Perché non avevo voglia di uscire.

5 ....?
In macchina fino alla stazione e poi hanno preso il treno per Rimini.

6 ....?
Un po' di pane e un litro di latte.

5. Cosa avete fatto ieri?
**A coppie scrivete 10 azioni che, secondo voi, il vostro compagno ha fatto ieri.
Poi a turno fatevi le domande per scoprire se avete indovinato. Vince chi indovina più azioni.**

> in

- **In** inverno fa freddo in molte regioni italiane, **in** primavera comincia a fare caldo in tutta Italia, ma **nel** 1998 **in** febbraio ci sono state temperature molto alte.

Si usa: **in** con mesi e stagioni;   **nel** con gli anni e i secoli.

in si usa anche con i mezzi di trasporto.
- Viaggiare **in** treno non è molto caro, ma spesso è più comodo e veloce raggiungere certi posti **in** macchina.

6. Rispondi alle domande.

1 Quando nascono le rose?
...............*In primavera.*...............

2 Odi l'aereo. Come vai da Genova in Sardegna?
....

3 Vuoi andare in città facendo anche un po' di ginnastica. Come ci vai?
....

4 Quando ti piace andare in vacanza?
....

5 In che anno sei nato/a?
....

6 Quando hai cominciato a studiare l'italiano?
....

7 Quando è vissuto Napoleone?
....

8 Quando viene Pasqua quest'anno?
....

> **A** PIEDI
>
> Vado sempre
> al lavoro **a** piedi.

CIVILTÀ

L'Italia che cambia: gli italiani e il tempo libero.

"Vado con gli amici al bar...". Questa è stata forse una delle frasi più usate, dal dopoguerra in poi dai mariti italiani, le loro mogli hanno sempre avuto meno tempo libero e comunque lo hanno sempre dedicato alla casa e ai figli.

Il bar ha sempre rappresentato in Italia il ritrovo per eccellenza, soprattutto per gli uomini. Immagini come questa (foto 1) sono state la norma per molti anni, ora è forse più difficile trovarle, soprattutto nelle grandi città.

Il gioco delle carte tra amici, discussioni di calcio, ciclismo, politica e donne tra un bicchiere di vino e un altro hanno lasciato il posto all'ora di jogging, di palestra, alla spesa con le mogli, al bricolage, ai figli, ecc.

Al bar ora, a parte la immancabile colazione con brioche e cappuccino e l'irrinunciabile caffè da soli o con i colleghi di lavoro, si va anche con mogli o fidanzate; si incontrano ancora gli amici, ma più spesso ci si va per "navigare" su Internet o per giocare con modernissimi videogiochi.

I ragazzi ci vanno per incontrare i loro amici.

Anche il cinema, in questi ultimi 30 anni, si è trasformato. Gli spettatori, soprattutto a causa del grande successo della televisione, sono diminuiti e i cinema hanno dovuto modernizzarsi. Sono passati i tempi in cui si andava al cinema solo per il gusto di vedere un film, ora c'è bisogno del grande spettacolo.

Come in quasi tutto il mondo, le piccole vecchie sale di campagna o di periferia non ci sono più, ora troviamo moderne multisale che offrono un'ampia scelta di film (di solito le grandi produzioni americane), e che sono fornite di impianti tecnici d'avanguardia. Spesso c'è un comodo bar dove si può bere qualcosa o fare uno spuntino prima o dopo lo spettacolo.

Gli italiani hanno sempre parlato molto di sport, ma lo hanno praticato poco. Ora i ritmi stressanti, ma anche sedentari, della vita moderna stanno portando sempre più italiani a fare sport.
In questi ultimi anni molte nuove e moderne palestre sono nate in tutta l'Italia. Sono frequentate da tutti: giovani che vogliono essere sempre in forma, professionisti che cercano rimedio a una vita sedentaria, casalinghe e donne in generale che cercano la linea perfetta per indossare il bikini nelle prossime vacanze estive.

La "Piazza" della città o del paese è sempre stata uno dei posti più frequentati dagli italiani.
In parte lo sono ancora, anche se in misura sempre inferiore, ma solo nelle città di provincia e nei paesi.
Non è difficile incontrare ancora nella piazza di alcune cittadine gruppi di pensionati, soprattutto uomini, che parlano di politica e sport. Ma è sempre più facile trovare le piazze, soprattutto nel tardo pomeriggio, piene di giovani con la moto o lo scooter che si ritrovano dopo lo studio o lo sport per chiacchierare con gli amici o semplicemente per guardare ed essere guardati...

1. Guarda le foto, leggi i brani e con un compagno prova a fare un elenco delle diverse abitudini degli italiani nel tempo libero rispetto al passato:

	Nel passato	*Ora*
Uomini:	....	....
	....	....
	....	....
	....	....
Donne:	....	....
	....	....
	....	....
	....	....
Giovani:	....	....
	....	....
	....	....
	....	....

Progetto

1. Trova delle foto di luoghi che tu e i tuoi amici frequentate nel tempo libero e incollale nel quaderno.

2. Descrivi ai compagni il tuo hobby preferito.

3. Spiega ai tuoi amici le regole dello sport che pratichi o che ti piace di più.

4. Come passa il tempo libero di solito un ragazzo italiano della tua età?
Gioca con la Playstation, fa sport, ascolta musica, incontra gli amici: e tu?
E i ragazzi della tua età nel tuo paese?
Parlane con i compagni. Poi scrivete un e-mail a un possibile amico italiano per invitarlo a passare una vacanza da voi. Cercate di convincerlo!

LIBRO
DELL' APPROFONDIMENTO

Rete!
JUNIOR

LIBRO DELL'APPROFONDIMENTO

SCRIVERE

1. Scrivi 3 frasi su di te.

1 ....
....
2 ....
....
3 ....
....

2. Riscrivi il dialogo in registro formale.

A - Ciao. ....

B - Ciao, Giovanni. ....

A - Questo è Graham Ford. ....

B - Ciao. Scusa come ti chiami? ....

C - Graham Ford. ....

B - Come si scrive il nome? ....

C - G.r.a.h.a.m. ....

B - Graham, è un po' complicato! ....

C - E tu come ti chiami? ....

B - Paolo Sarti. Sei inglese? ....

C - No, irlandese. ....

B - Studi in Italia o sei qui per turismo? ....

C - Sono qui per lavoro. ....

B - Bene, forse ci vediamo in città. Ciao! ....

LESSICO

1. Dividi le parole del riquadro in tre gruppi.

Nazionalità	Verbi	Saluti
brasiliano		
....	....	....
....	....	....
....	....	....
....	....	....

brasiliano, ciao, chiamarsi, tedesco, essere, italiano, buongiorno, francese, studiare, arrivederci

2. Riordina le parole.

1 E M O N ....   2 E M O C ....

3 E N E B ....   4 D E M O N A D ....

5 E S E N I G L ....   6 T A N O I L I A ....

7 R I U T M O S ....

RIFLESSIONE GRAMMATICALE

1. Completa le frasi con il soggetto.

1 Scusa, ... sei giapponese?   2 Scusi, ... è di Roma?

3 .... si chiama Roberto, ... mi chiamo Silvia.   4 .... è argentina.

5 .... è marocchino.   6 .... sono di Milano.

2. Completa le frasi con il verbo *essere*, *studiare* o *chiamarsi*.

1 Clive .... inglese.

2 Di dov' .... Alexia?

3 Alexia .... di Caracas, ma ora .... italiano in Italia.

4 Lui si .... Sebastian.

5 Fabrizia .... italiana.

6 Mi .... Pavel, piacere.

7 Piacere. Mi .... Anita. .... italiano?

8 No, ... tedesco e tu di dove ....?

9 .... spagnola, ma .... italiano a Venezia. E tu?

10 Anch'io .... italiano, ma a Siena.

3. Riordina le frasi.

1 chiamo, John, e, irlandese, mi, sono.

....

2 chiama, Alessandra, Napoli, è, e, di, lei, si.

....

3 Mario, portoghese, studia, a, è, e, Perugia, italiano.

....

4 Lei, brasiliana, io, francese, è, sono, e.

....

5 Lei, Claudia, spagnola, si, di, chiama, Madrid, è, e, è.

....

6 Andreas, chiami, sei, tedesco, tu, ti?

....

4. Rispondi alle domande.

1 Scusa, tu sei russa?   No, ...*sono*...... spagnol.*a*..

2 Sam è francese?   No, ... american.....

3 Fu è giapponese?   No, ... cines.....

4 Sei italiano?   No, ... portoghes.....

5. Fa' delle domande formali, usa la forma *Lei*.

1 Scusi, ...*lei è francese*............................?
No, sono tedesco.

2 ....?
Hans, mi chiamo Hans.

3 ....?
Sì, italiano, francese e studio anche inglese.

4 ....?
Sono di Berlino.

6. Trasforma le domande formali dell'esercizio precedente in informali, usa la forma *tu*.

1 Scusa, ...*tu sei francese*............................?
No, sono tedesco.

2 ....?
Hans, mi chiamo Hans.

3 ....?
Sì, l'italiano, il francese e studio anche l'inglese.

4 ....?
Sono di Berlino.

7. Completa le parole con il maschile.

1 spa ....

2 ted ....

3 ingl ....

4 fran ....

5 mar ....

6 argen ....

7 bras ....

8 port ....

8. Cruciverba al femminile. Usa gli aggettivi dell'esercizio 7.

8

7

5

4

1

6   2

3

9. E per finire... gioca!

1   2

3

5

7

4

6

10

8

11

12

9

Metti questi aggettivi di nazionalità con l'aiuto dei disegni: *americano, brasiliano, cinese, francese, giapponese, inglese, irlandese, italiano, palestinese, portoghese, spagnolo, tedesco.*

CIVILTÀ

1. Le regioni d'Italia sono:

....
....
....
....
....
....
....
....
....
....
....
....
....
....
....
....
....
....
....

Roma

La capitale d'Italia è ....

PERCORSO 2
ALLA STAZIONE

LIBRO DELL'APPROFONDIMENTO

LEGGERE

1. Leggi gli annunci e decidi quale appartamento va bene per Maria Caballero, la studentessa argentina.

Affitto appartamento a studenti stranieri.
Solo ragazzi.
Costo € 125 al mese a stanza.
Telefonare al numero 338 3451984

2 Camera doppia per due ragazze.
Dal lunedì al venerdì.
Costo interessante.
Scrivere a casella postale
129 - 00182 Roma

3 Stanza singola in appartamento
con 3 studentesse. Solo ragazze.
€ 135 al mese.
Telefonare ora di cena a Sig.a Paola:
06 3428575.

LESSICO

1. Metti il nome del paese e della capitale.

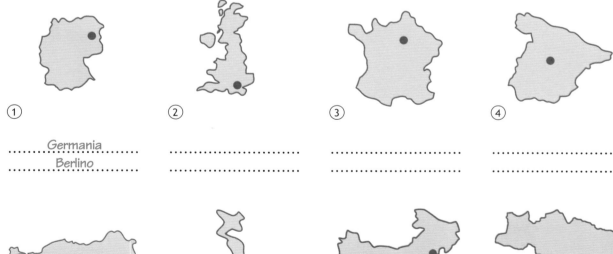

① ....Germania.......
.......Berlino.......

② ....

③ ....

④ ....

⑤ ....

⑥ ....

⑦ ....

⑧ ....

2. Fa' delle frasi con i paesi e le città dell'esercizio 1.

1 .... *Berlino è in Germania.* ....

2 ....

3 ....

4 ....

5 ....

6 ....

7 ....

8 ....

3. Scrivi i nomi degli oggetti.

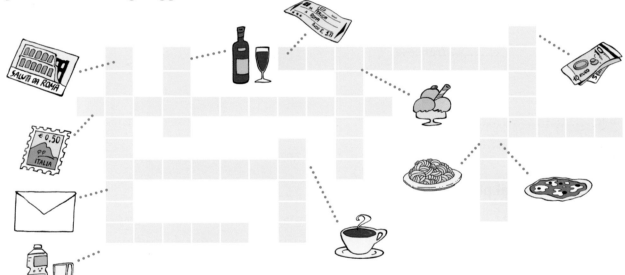

CIVILTÀ

L'Italia e le regioni

> **Capoluogo:**
> la città più importante
> di una regione.

1. Nell'esercizio 1 di p. 127 hai visto le regioni italiane, ricordi? Conosci i capoluoghi?

a. Quante regioni ci sono in Italia?

b. Completa la tabella:

Regione	Capoluogo
1 L _a_ _z_ _i_ _o_	R _o_ _m_ _a_
2 T _ _ _ _ _	F _ _ _ _ _
3 V _ _ _ _ _	V _ _ _ _ _ _
4 L _ _ _ _ _ _ _	M _ _ _ _ _
5 C _ _ _ _ _ _	N _ _ _ _ _
6 S _ _ _ _ _ _	P _ _ _ _ _ _
7 P _ _ _ _ _	B _ _ _

PERCORSO 2
ALLA STAZIONE

RIFLESSIONE GRAMMATICALE

1. Completa le frasi con il verbo *essere*.

1 Cristina .... di Perugia.

2 Tu .... francese.

3 Io .... di Firenze.

4 Tu .... di Tokyo.

5 Io .... studente.

6 Carlo .... a Parigi.

2. Metti le frasi dell'esercizio 1 alla forma negativa.

1 Cristina .... di Perugia.

2 Tu .... francese.

3 Io .... di Firenze.

4 Tu .... di Tokyo.

5 Io .... studente.

6 Carlo .... a Parigi.

3. Metti le frasi al plurale.

1 Io sono spagnola.   .... Noi siamo spagnole. ....

2 Tom è di Londra.   Jim e Tom ....

3 Tu sei bella.   Tu e Lucia ....

4 All'aeroporto c'è un ristorante.   .... cinque ....

4. Trova l'errore.

1 Un casa bella.   ..Una casa bella....   2 Un ristorante italiane.   ....

3 Una ragazza portoghesa.   ....   4 Uno gelato grande.   ....

5 Un'carta di credito americana.   ....   6 Un amico tedesca.   ....

5. Forma delle frasi.

1 a aeroporto c'è un Roma.   2 a un c'è casa bagno mia.

3 c'è tavolo nel un ristorante.   4 telefono a un scuola c'è.

5 all' banca c'è aeroporto una.   6 Venezia ristorante un c'è a cinese.

6. Ordina in gruppi le parole.

bello   gelato   nuovo   pizza   brutto   carta di credito

cartolina   banca   vecchio   francobollo

biglietto del treno

ristorante   stazione ferroviaria   aeroporto

7. Indica il plurale dei nomi.

singolare	plurale	singolare	plurale
francobollo	francobolli	banca	....
biglietto del treno	....	stazione ferroviaria	....
gelato	....	carta di credito	....
cartolina	....	ristorante	....
pizza	....	aeroporto	....

8. Completa la tabella indicando il femminile e il plurale degli aggettivi.

	singolare	plurale
nuovo	nuova	....
vecchio	....	....
bello	....	....
brutto	....	....

9. Fa' le domande.

1 .... ?

C-A-B-A-L-L-E-R-O

2 .... ?

Franco è di Roma e io di Napoli.

3 .... ?

Quindici. Sono del 1990.

4 .... ?

Vivo a Venezia, vicino a Piazza San Marco.

5 .... ?

Matteo. È un amico di Torino.

6 .... ?

Si dice "car".

7 .... ?

051 2445762.

8 .... ?

Perché studio italiano a Siena.

10. Rendi più formali le domande.

1 Quanti anni hai?

.... Quanti anni ha? ....

2 Di dove sei?

....

3 Come ti chiami?

....

4 Dove abiti?

....

5 Perché sei in Italia?

....

LIBRO DELL'APPROFONDIMENTO

LEGGERE

1. Leggi le offerte di lavoro e, sul tuo quaderno, rispondi alle domande.

①

**Cerchiamo per Scarpa&Co., ditta con sede a Firenze.
Rappresentante di prodotti di moda made in Italy.**

La persona ideale ha tra i 30 e i 40 anni, è residente in
Toscana e ama viaggiare in Italia e all'estero. Può vivere
all'estero per almeno 4 mesi all'anno, parla l'inglese e
il francese, ha minimo 5 anni di esperienza nel settore.

La ditta offre: stipendio interessante e possibilità
di carriera. Lavoro a tempo indeterminato.
Inviare CV a **Agenzia Job+**, C.P. 546, Siena.

②

**Siamo una ditta di importazione di prodotti
per la casa, leader nel settore.**

Cerchiamo: 2 Impiegate per la nostra sede di Roma,
con perfetta conoscenza dell'inglese e di programmi
informatici per la gestione dell'ufficio.

Offriamo: contratto per 2 anni e stipendio
secondo le capacità.
Telefonare: 067834209 - **Casamia import-export**.

③

**Hai tra i 20 e i 30 anni? Ami viaggiare? Sei un tipo sportivo?
Ami la gente? Vuoi imparare una lingua straniera?**

I villaggi vacanze La spiaggia dorata cercano 10 giovani
(maschi e femmine) per la stagione turistica da aprile a ottobre.

Offrono stipendio di 1000 USD al mese, camera singola
e pasti nei ristoranti dei villaggi.
Per la selezione presentarsi il 2 febbraio alle ore 9
presso l'**Hotel Moderno** in Viale Trastevere 343 a Roma.

1 Che tipo di lavoro è?
2 Com'è lo stipendio?
3 Quanto dura il lavoro?
4 Quali caratteristiche richiedono?
5 Come si chiama la ditta?
6 Qual è il numero di telefono?
7 Dov'è la ditta?

LESSICO

1. Abbina le figure ai nomi dei lavori.

insegnante camierie contadino meccanico barbiere studente

1 .... 2 .... 3 ....

4 .... 5 .... 6 ....

2. Trova i lavori.

A	M	S	K	B	C	L	O	M	A	B	T	R	H	H	I	C	Q	H
B	U	A	S	A	L	I	N	G	A	E	R	C	I	I	M	I	G	I
A	Y	A	R	I	C	A	S	M	I	V	A	R	A	Z	P	S	A	A
I	T	O	B	C	O	M	M	E	S	S	A	V	L	L	I	H	P	P
S	R	E	U	S	T	E	G	C	L	I	B	D	L	L	E	L	X	U
C	E	A	O	O	T	I	L	C	A	S	A	L	I	N	G	A	A	P
F	G	R	N	A	M	E	R	A	J	U	D	I	F	F	A	F	T	T
U	I	E	A	A	A	P	I	N	C	E	M	U	R	A	T	O	R	E
C	O	N	S	I	C	O	M	I	D	R	M	I	U	U	O	R	E	S
E	R	N	E	M	E	D	I	C	O	E	B	V	O	R	U	U	U	I
U	N	O	R	T	L	Z	Z	O	D	G	N	O	T	L	O	V	P	O
P	A	C	A	T	L	R	A	O	I	A	N	O	U	Q	U	T	T	M
N	L	O	S	I	A	I	L	E	R	E	R	N	O	S	T	E	K	F
C	A	M	E	R	I	E	R	E	I	O	Z	U	S	C	X	O	S	I
A	I	T	P	T	O	H	U	A	D	F	Z	B	L	N	E	R	I	C
G	O	Q	F	B	V	I	I	C	F	G	W	M	K	P	D	T	O	A

3. Trova la definizione giusta:

1 Titolo di studio a Uomo che ha una moglie.
2 Stato civile b Laurea, diploma
3 Patente c Lingue che si parlano fuori dal tuo paese.
4 Lingue straniere d Documento che serve per guidare l'automobile.
5 Sposato e Significa: Sposato? Non sposato?

RIFLESSIONE GRAMMATICALE

1. Da' il nome alle figure. Usa l'articolo determinativo.

1 .... La cartolina	2	3 ....
4	5	6 ....
7	8	9 ....
10	11	12 ....

2. Metti l'articolo determinativo.

1 ...il... cognome
2 .... età
3 .... francobollo
4 .... infermiera
5 .... esperienza
6 .... studio
7 .... numero di telefono
8 .... idraulico
9 .... lingua straniera
10 .... stato

11 .... indirizzo
12 .... impiegato
13 .... psicologo
14 .... lavoro
15 .... meccanico
16 .... acqua
17 .... commessa
18 .... cliente
19 .... pizza
20 .... amica

il
lo
la
l'

3. Scrivi le persone singolari dei verbi.

lavorare			parlare		
	io	....		io	....
	tu	....		tu	....
	lui/lei	....		lui/lei	....
vendere	io	....	abitare	io	....
	tu	....		tu	....
	lui/lei	....		lui/lei	....
scrivere	io	....	vivere	io	....
	tu	....		tu	....
	lui/lei	....		lui/lei	....
finire	io	....	sentire	io	....
	tu	....		tu	....
	lui/lei	....		lui/lei	....

4. Scrivi le persone plurali dei verbi.

lavorare			parlare		
	noi	....		noi	....
	voi	....		voi	....
	loro	....		loro	....
vendere	noi	....	abitare	noi	....
	voi	....		voi	....
	loro	....		loro	....
scrivere	noi	....	vivere	noi	....
	voi	....		voi	....
	loro	....		loro	....
finire	noi	....	sentire	noi	....
	voi	....		voi	....
	loro	....		loro	....

5. Scrivi il verbo nella forma corretta.

1 Sandro non *sapere* l'italiano.

....

2 Jorge *fare* l'insegnante.

....

3 Cosa *fare* tu e Catia domani?

....

4 Che lavoro *fare* Giovanni e Alice?

....

5 Mia moglie e io *sapere* molte lingue.

....

6. Completa le frasi con un verbo del riquadro.

1 Io .... 35 anni.

2 Michela .... in un supermercato.

3 David .... in Canada.

4 Salvatore .... il tedesco.

5 Stasera .... la pizza.

6 Tu .... spesso musica italiana?

7 Tommaso .... un lavoro nuovo.

8 Maria non .... alle mie domande.

9 Domenico .... spesso a Napoli.

10 Giovanni, quando .... l'università?

vivere, lavorare, fare, avere (x2), rispondere, finire, ascoltare, sapere, tornare

7. Metti al plurale i verbi dell'esercizio 6.

```
                              8
                        3
   2
              5                    4     6
         7



   1


              9

         10
```

8. Forma delle frasi.

1 tuo qual indirizzo il è?   ....

2 casa tua molto carina è nuova la.   ....

3 nuovo Baricco interessante è libro il di. ....

4 Camilla all' di Venezia studia Università. ....

5 vivono Milano Sam a e Tom.   ....

6 ascoltate italiana spesso musica?   ....

7 quando radio studia ascolta la Giovanna.   ....

8 Andrea in fa lavora ospedale il medico.   ....

9. Metti la preposizione.

1 Abito ..a... Genova.

2 Il mio ufficio è .... Via L. Da Vinci 3.

3 Alberto è in vacanza .... Portogallo, ... Lisbona.

4 Sono .... casa in vacanza .... 4 giorni.

5 .... Piazza di Spagna .... Roma c'è un piccolo bar molto carino.

6 Karl ha un nuovo lavoro .... Pakistan .... due anni.

10. Metti il verbo.

1 Mia moglie ed io ......amiamo........ molto viaggiare.

2 Klaus .... il muratore, ... case.

3 (Io) .... spesso la musica, quando .... a casa.

4 Laura .... molto: libri, giornali, ecc.

5 .... inglese?

No, ma vogliamo fare un corso all'università per quattro mesi.

6 Il macellaio .... la carne.

11. Correggi gli errori.

1 Sappi lo spagnolo? No, ma so il francese.

............Sai lo spagnolo? No, ma so il francese....................

2 Carlo faccio il meccanico.

....

3 In Italia ci è molte città.

....

4 Havete il libro di storia? No, non sapiamo dov'è.

....

5 Inge e Peter siamo tedeschi.

....

6 Giovanni e Sandra partiscono per la Sicilia domani.

....

CIVILTÀ

1. **Nella sezione di civiltà del libro di classe ci sono persone che fanno diversi lavori. In che città lavorano secondo te? Completa la tabella.**

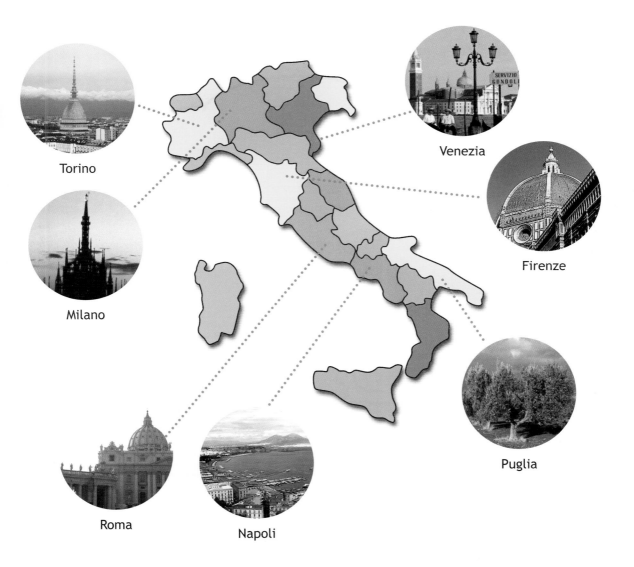

Torino

Venezia

Milano

Firenze

Puglia

Roma

Napoli

1 Venezia	....	2 Puglia	....
3 Roma	....	4 Milano	....
5 Napoli	....	6 Firenze	....
7 Torino	....		

LIBRO DELL'APPROFONDIMENTO

LESSICO

 1. Completa l'albero genealogico di Silvia con le parole del riquadro.

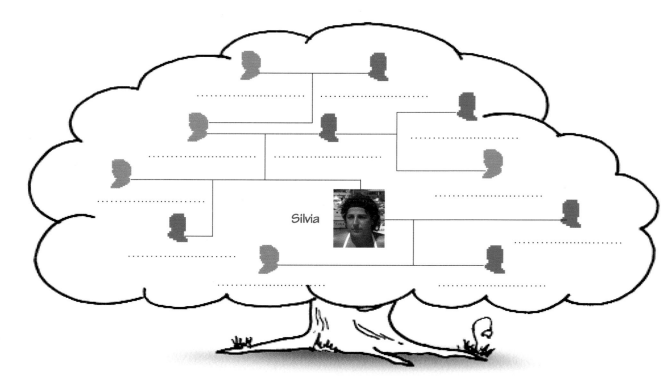

Silvia

figlia   nonna   genitori   madre   sorella   zia   padre   zio   fratello   figlio   marito   nonno

2. Scrivi le operazioni in lettere.

1 3 x 2 = 6

........................*tre per due uguale sei*........................

2 62 - 45 = 17

....

3 7 x 8 = 56

....

4 34 + 60 = 94

....

5 15 x 4 = 60

....

6 72 : 8 = 9

....

= uguale
- meno
+ più
x per
: diviso

3. Elimina la parola che non va bene.

1 andare, ristorante, cinema, teatro

2 casa, scuola, penna, studente

3 zio, moglie, città, matita

4 bello, certamente, alto, suo

5 faccio, so, ho, vai

6 infermiere, impiegato, medico, malato

PERCORSO 4
LA FAMIGLIA

 4. Sammy ha qualche problema con la famiglia! Correggi le sue frasi.

1 Mia madre si chiama Aldo.
2 Mia nonna Giorgia ha 15 anni.
3 Mio fratello aspetta un bambino, è incinta di quattro mesi.
4 Mio figlio ha 92 anni.
5 Mio marito si chiama Anna.
6 Mio nonno sta facendo il servizio militare.

 5. La staffetta. Ogni parola "rincorre" le altre secondo questo testo:

"Quando avevo vent'anni mi sono innamorato di una ...., poi ci siamo sposati e siamo

diventati .... e .... alcuni anni dopo è arrivata una ...., che vent'anni dopo

ci ha dato dei ...., e così siamo diventati ....! La vita è proprio una ruota...

FUNZIONI

 1 Fa' delle domande ai genitori di Claudio.

1 .... *Come vi chiamate?* ....

Carlo e Giuseppina.

2 ....

A Perugia, in Via Danti 8.

3 ....

Io 48 e mia moglie 45.

4 ....

Io faccio l'operaio e lei è segretaria.

5 ....

Due, un figlio e una figlia.

RIFLESSIONE GRAMMATICALE

1. Completa con l'articolo determinativo.

1 ..l'... acqua
2 ...... aeroporto
3 ...... amica
4 ...... commessa
5 ...... esperienza
6 ...... età
7 ...... francobollo
8 ...... idraulico
9 ...... indirizzo
10 ...... insegnante

11 ...... libertà
12 ...... lingua straniera
13 ...... madre
14 ...... meccanico
15 ...... numero di telefono
16 ...... padre
17 ...... psicologo
18 ...... studente
19 ...... via
20 ...... zio

2. Metti al plurale i nomi dell'esercizio 1 e aggiungi gli articoli.

1 ..le... acqu.e...
2 ...... aeroport.....
3 ...... amic.....
4 ...... commess.....
5 ...... esperienz.....
6 ...... et.....
7 ...... francoboll.....
8 ...... idraulic.....
9 ...... indirizz.....
10 ...... insegnant.....

11 ...... libert.....
12 ...... lingu..... stranier.....
13 ...... madr.....
14 ...... meccanic.....
15 ...... numer..... di telefon.....
16 ...... padr.....
17 ...... psicolog.....
18 ...... student.....
19 ...... vi.....
20 ...... zi.....

3. Metti l'articolo determinativo dove necessario.

.... mia famiglia è molto numerosa. Ho due fratelli e una sorella.

Sono tutti sposati e hanno figli. Mia madre è in pensione e passa .... suo tempo con Alice,

.... figlia di mio fratello Giovanni.

Alice è una bambina molto carina, sempre felice: ha solo un anno e mezzo. Da quando c'è lei ....

vita della famiglia è diversa: è molto più bello andare a mangiare insieme in una pizzeria o andare

a cena a casa di mia madre.

4. Completa le frasi con il possessivo.

1 Domani .... sorella va in vacanza a Rimini.

2 Alida è bassa e grassa. .... figlio è alto e magro.

3 Domani vado all'aeroporto a prendere .... cugina che vive a Chicago.

4 Carlo è molto simpatico e la .... amica è molto carina.

5 Abel è contento perché è pronto il .... nuovo quadro.

6 Scusa Antonio, dov'è .... sorella?

7 Sono contento del .... nuovo libro.

8 Tu sei una madre meravigliosa e .... figlio è un bambino molto intelligente.

5. Metti le frasi al plurale. Trasforma le parole in corsivo.

1 Domani ... *sorella* va in vacanza a Rimini.

.... *Domani le mie sorelle vanno in vacanza a Rimini.* ....

2 Alida è bassa e grassa. ... *figlio* è alto e magro.

....

3 Domani vado all'aeroporto a prendere ... *cugina* che vive a Chicago.

....

4 Carlo è molto simpatico e *la* ... *amica* è molto carina.

....

5 Abel è contento perché è pronto *il* ... *nuovo quadro*.

....

6 Scusa Antonio, dov'è ... *sorella*?

....

7 Sono contento del ... *nuovo libro*.

....

8 Tu sei una madre meravigliosa e ... *figlio* è un bambino molto intelligente.

....

6. Fa' delle domande come nell'esempio.

1 Di chi/penne?   .... *Di chi sono queste penne?* ....

2 Di chi/riga?   ....

3 Di chi/matita?   ....

4 Di chi/libri?   ....

5 Di chi/quaderni?   ....

6 Di chi/ufficio?   ....

7. Completa le frasi con il verbo tra parentesi.

1 Matteo non .... (*sapere*) il francese.

2 Franco, ... (*potere*) darmi il tuo indirizzo?

3 Nadia, a che ora .... (*andare*) a casa oggi?

4 Scusi, Signore, ... (*sapere*) dov'è la stazione?

5 Io non .... (*sapere*) nuotare molto bene.

6 Scusi Professore, ... (*potere*) andare in bagno?

8. Metti le frasi dell'esercizio 7 al plurale.

1 Matteo non .... (*sapere*) il francese.

2 Franco, ... (*potere*) darmi il tuo indirizzo?

3 Nadia, a che ora .... (*andare*) a casa oggi?

4 Scusi, Signore, ... (*sapere*) dov'è la stazione?

5 Io non .... (*sapere*) nuotare molto bene.

6 Scusi Professore, ... (*potere*) andare in bagno?

9. Forma delle frasi mettendo un verbo dal riquadro.

1 Di/dove/casa/Franco e Luisa/la?

.... Dov'è la casa di Franco e Luisa? ....

2 Passarmi/per/acqua/favore/l'?

....

3 Michela/molto/inglese/non/bene.

....

4 Stasera/moglie/mangiare/pizza/una/con/a/mia.

....

5 Voi/a lavorare/in macchina/in/o/treno?

....

6 Tuo/medico/padre/il?

....

| essere, sapere, potere, andare, fare, andare |

PERCORSO 4
LA FAMIGLIA

 10. Completa il cruciverba con i verbi del riquadro. Attenzione! Devi coniugarli.

6

7 4→

5 8→

2 1→   3

Claudio: Pronto?

Anne: Pronto, ...(1)..... parlare con Claudio, per favore?

C.: Sono io. Chi .....(2)..... ?

A.: Sono Anne.

C.: Anne? Ciao, come .....(3)..... ?

A.: Bene e tu?

C.: Bene, grazie. Come .....(4)..... il corso di italiano?

A.: Per il momento molto bene. .....(5)..... domani!

C.: Senti, ...(6)..... fare qualcosa insieme?

A.: Non lo so....

C.: Perché non .....(7)..... a cena a casa mia domani sera?

A.: Va bene. .....(8)..... tu?

C.: Tranquilla! Cucina mia madre.

> cominciare, potere (x2), stare, venire, parlare, andare, cucinare

SCRIVERE

1. Scrivi alcune frasi sulla tua famiglia.

....

....

....

....

....

LIBRO DELL'APPROFONDIMENTO

LESSICO

1. Completa gli schemi con le parole del riquadro.

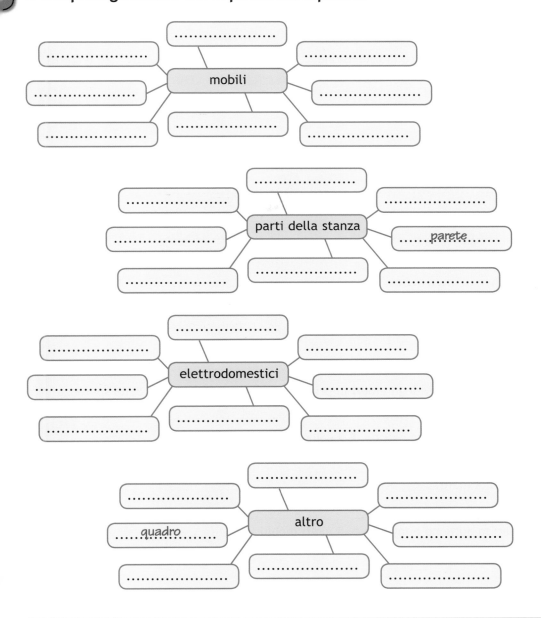

parete, camera da letto, televisione, poltrona, quadro, letto, divano, sedia, cucina, tetto,
libreria, porta, bidè, specchio, radio, armadio, lampadario, water, soggiorno, bagno, doccia, stereo,
frigorifero, tavolo, videoregistratore, finestra, soffitto, cucina, pavimento, lavandino, forno

2. Trovate l'oggetto.

1 Si trova nel bagno.   B......................... (*4 lettere*)

2 C'è in tutte le case.   P......................... (*5 lettere*)

3 Grazie a lei ascolto musica.   R......................... (*5 lettere*)

4 La Gioconda di Leonardo.   Q......................... (*6 lettere*)

5 Ci sono molti libri.   L......................... (*8 lettere*)

6 Si trova in cucina.   F......................... (*5 lettere*)

7 Con le sedie è importante per mangiare.   T......................... (*6 lettere*)

8 La mia è molto comoda per guardare la televisione.   P......................... (*8 lettere*)

3. Scrivi le date.

1 1/6/2005   ....

2 8/10/1987   ....

3 12/10/1492   ....

4 17/04/2001   ....

5 1/1/1963   ....

6 9/7/1789   ....

7 19/11/1937   ....

8 28/12/1917   ....

4. Trova il colore.

1 È il colore dell'erba, delle foglie, degli alberi in primavera e estate. È il colore della speranza.

....

2 È il colore che non piace ai tori nelle corride. È il colore del sangue.

....

3 È il colore del cielo e del mare.

....

4 È il colore degli alberi in autunno e inverno e di molti mobili.

....

5 È il colore della notte.

....

6 È il colore del sole.

....

5. Crucimese.

LEGGERE

1. Leggi le descrizioni delle case e abbinale alle foto.

1 Questa è la mia nuova casa. Bella vero? Ci sono due camere da letto, un bagno, una cucina e un soggiorno molto grande. La parte che preferisco è però il balcone: quando c'è bel tempo ci passo molte ore. In città non è facile trovare un posto tranquillo, ma qui al sesto piano è possibile.

2 I miei nonni hanno una piccola casa indipendente dove i miei fratelli ed io andiamo spesso. Soprattutto per Natale e in altre occasioni è bello stare insieme a casa loro. E poi mia nonna è una cuoca bravissima. L'unico problema è che è difficile trovare un posto per l'auto.

3 Vacanze! Finalmente adesso ho un appartamento dove andare ogni settimana. È a 100 chilometri da casa, un'ora di macchina. È piccolo ma per un paio di giorni la settimana va bene. C'è solo una camera da letto, una cucina e un bagno... ma è a cinque minuti dalla spiaggia!

4 Qui è dove mio padre è nato. È un posto tranquillo vicino alla città. È una casa grandissima: non so quante stanze ci sono e poi c'è la stalla per gli animali e molte altre cose. I miei figli si divertono moltissimo quando ci andiamo. È la libertà totale in mezzo alla natura.

a

b

c

d

SCRIVERE

1. Presti la tua casa a un amico e gli scrivi per raccontargli com'è.

RIFLESSIONE GRAMMATICALE

1. Scrivi le forme singolari dei verbi.

dire	io	....
	tu	....
	lui/lei	....

sapere	io	....
	tu	....
	lui/lei	....

venire	io	....
	tu	....
	lui/lei	....

andare	io	....
	tu	....
	lui/lei	....

potere	io	....
	tu	....
	lui/lei	....

fare	io	....
	tu	....
	lui/lei	....

vincere	io	....
	tu	....
	lui/lei	....

leggere	io	....
	tu	....
	lui/lei	....

2. Ora scrivi le forme plurali dei verbi.

dire	noi	....
	voi	....
	loro	....

sapere	noi	....
	voi	....
	loro	....

venire	noi	....
	voi	....
	loro	....

andare	noi	....
	voi	....
	loro	....

potere	noi	....
	voi	....
	loro	....

fare	noi	....
	voi	....
	loro	....

vincere	noi	....
	voi	....
	loro	....

leggere	noi	....
	voi	....
	loro	....

3. Labirinto.

Decidi se oggi ti senti un po' solitario oppure se hai voglia di stare in compagnia.
Se ti senti solo, parti da Singolare, se sei allegro, parti da Plurale.
Devi seguire il percorso passando solo sui verbi singolari o solo sui plurali. Dove arrivi?

Sono partito da .... *e sono arrivato a* ....

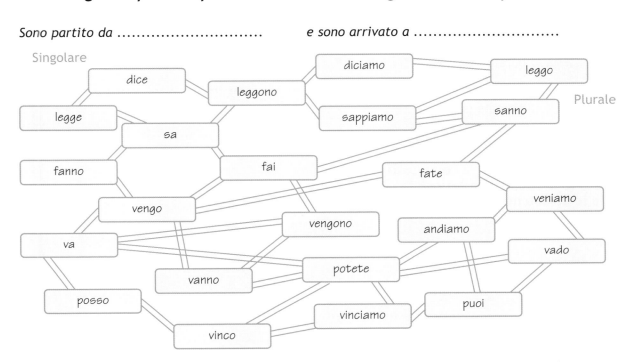

4. Scegli l'indicazione di luogo corretta.

①

②

③

④

a) vicino, b) di fianco,
c) davanti, d) di fronte

a) sotto, b) dietro,
c) su, d) di fianco

a) tra, b) vicino,
c) davanti, d) dietro

a) su, b) sotto,
c) tra, d) di fronte

⑤

⑥

⑦

⑧

a) di fianco, b) davanti,
c) dietro d) di fronte

a) su, b) sotto,
c) tra, d) di fianco

a) di fronte, b) dietro,
c) su, d) sotto

a) vicino, b) davanti,
c) tra, d) dietro

5. Metti le preposizioni articolate e poi forma il plurale.

1 .... albero (*su*)   1 ....

2 .... amico di Franco (*da*)   2 ....

3 .... sedia (*su*)   3 ....

4 .... insegnante (*di*)   4 ....

5 .... parete (*su*)   5 ....

6 .... armadio (*in*)   6 ....

7 .... giornale (*su*)   7 ....

8 .... appartamento (*in*)   8 ....

6. Quale preposizione va con questi nomi?
Metti la preposizione articolata. A volte è possibile usare più preposizioni
con lo stesso nome, ma pensa a esempi chiari.

di	a	in	su
del pavimento	....	....	*sul pavimento*
....	....	....	....
....	....	....	....
....	....	....	....
....	....	....	....
....	....	....	....
....	....	....	....
....	....	....	....
....	....	....	....
....	....	....	....
....	....	....	....

stanza, macellaio, ingresso, soffitto, letto, amico, pavimento, psicologo, sedia, fratello, marito

7. Ora fa' 10 frasi usando i nomi della tabella e le preposizioni.

Esempio: *Il pavimento dell'ingresso è marrone.*

1 ....   2 ....

3 ....   4 ....

5 ....   6 ....

7 ....   8 ....

9 ....   10 ....

8. Completa con le preposizioni (articolate e non).

1 .....Nel.... mio bagno c'è un lavandino molto grande.

2 .... Madrid, capitale .... Spagna la vita è molto allegra.

3 .... centro .... Londra il traffico è insopportabile.

4 C'è un gatto .... finestra.

5 .... che colore è la macchina .... Franz?

6 Davanti .... porta ci sono alcune sedie e un tavolo.

7 Stasera vado .... ristorante .... i miei amici.

8 Vicino .... ufficio postale c'è un negozio .... video.

9. Completa le frasi con un verbo del riquadro.

1 Da dove ....vengono.......... Zeliko e Gordana?

2 Come si .... penna in tedesco?

3 Quanti anni .... i tuoi genitori?

4 Secondo te chi .... la partita stasera?

5 Dove .... in vacanza tu e la tua ragazza?

6 Scusate, ... ripetere per favore?

7 Vieni con me al bar, ti .... un caffè!

8 A che ora .... di studiare i tuoi compagni?

9 Cosa ....? Andate a pagina 3, c'è un articolo interessante.

10 Giovanni, ... dove abita la Prof. Alberti?

11 Cosa .... questa sera? Perché non andiamo al cinema?

12 .... anche tu questa musica?

> finire, venire, dire, vincere, leggere, andare, sapere, avere, costruire, offrire, sentire, potere

10. Correggi gli errori. C'è al massimo un errore per frase e riguardano tutti le preposizioni.

1 Studio portoghese tra settembre. ....Studio portoghese da settembre............

2 Peter viene di New York. ....

3 Il mio compleanno è agosto. ....

4 Franco e Lucia sono da Venezia. ....

5 Ancona è nell'Italia. ....

6 I libri sono su il tavolo. ....

7 Questa è l'amica della mia madre. ....

8 Il ristorante è in sinistra della stazione. ....

9 Sulla mia camera c'è uno specchio davanti del letto. ....

10 A chi è questa casa? ....

11 Le scuole finiscono nel 13 giugno. ....

LIBRO DELL'APPROFONDIMENTO

RIFLESSIONE GRAMMATICALE

1. Scrivi le forme singolari dei verbi riflessivi.

chiamarsi	io .... tu .... lui	Camillo.
svegliarsi	io .... tu .... lui	sempre alle 7.
lavarsi	io .... tu .... lui	spesso con acqua fredda.
alzarsi	io .... tu .... lui	raramente dopo le 7.30.

2. Scrivi le forme dei verbi riflessivi.

chiamarsi	noi .... voi .... loro	Camillo e Sandra.
svegliarsi	noi .... voi .... loro	sempre alle 7.
lavarsi	noi .... voi .... loro	spesso con acqua fredda.
alzarsi	noi .... voi .... loro	raramente dopo le 7.30.

3. Metti gli articoli, gli aggettivi e i pronomi dimostrativi.

...il...	........questo........	........quel...........	quaderno
....	....	....	ufficio
....	....	....	studente
....	....	....	città
....	....	....	scuola
....	....	....	amica
....	....	....	università
....	....	....	letto
....	....	....	anno
....	....	....	animale

4. Metti al plurale le parole dell'esercizio 3.

...i...	........questi........	........quei...........	quadern .i...
....	....	....	uffic .....
....	....	....	student .....
....	....	....	citt .....
....	....	....	scuol .....
....	....	....	amic .....
....	....	....	universit .....
....	....	....	lett .....
....	....	....	ann .....
....	....	....	animal .....

5. Aggiungi un avverbio di frequenza alle frasi.

1 Mi sveglio tardi.

............Mi sveglio spesso tardi..................

3 Mi riposo dopo pranzo.

....

5 Vado a teatro.

....

7 Faccio colazione.

....

2 Prendo l'autobus per andare a casa.

....

4 Prima di addormentarmi leggo un po'.

....

6 Cucino.

....

8 Guardo la televisione.

....

6. Pronome o aggettivo possessivo?

	aggettivo	pronome
1 Questa è la **mia** casa.	☐	☐
2 E la **tua** dov'è?	☐	☐
3 Ti presento la **nostra** amica.	☐	☐
4 Piacere. E questo è **mio** fratello, Carlo.	☐	☐
5 Guarda, la **tua** macchina!	☐	☐
6 No, sono uguali, ma la **mia** è là!	☐	☐

7. Rispondi alle domande come nell'esempio.

1 Quali sono i libri di Giovanni?

.............*Ecco i suoi libri.*..

2 Quali sono i regali di Silvano e Stefania?

....

3 Qual è la casa dei genitori di Elisa?

....

4 Qual è la tua bicicletta?

....

5 Quali sono i vostri figli?

....

6 Quali sono gli amici di Mattia?

....

8. Verbi irregolari al presente.

dare   avere   fare

venire   uscire   potere   dovere

andare

dire

vincere

sapere   essere   andare

9. Cruciverba sui giorni della settimana.

A

L

10. Questa è la giornata tipica di Giuseppe.
Completala con i verbi del riquadro.

Di solito (1) ....mi sveglio......... alle sette meno un quarto, ma sto un po' a letto e

(2) .... alle sette (3) .... e mi faccio la barba.

Alle sette e un quarto (4) .... la colazione per me e mia moglie.

Tutti e due (5) .... di casa alle otto meno venti per andare al lavoro.

(6) .... a casa all'una e mezza circa e (7) .... insieme.

Di pomeriggio sto a casa fino alle tre e mezza e poi (8) .... nuovamente in ufficio.

(9) .... di lavorare alle sei e mezza. Di sera (10) .... alle otto

e poi (11) .... un po' la televisione.

(12) .... a letto alle undici e mezza.

Che vita interessante, vero!

| preparare, svegliarsi, uscire, andare, lavarsi, guardare, finire, cenare, pranzare, alzarsi, tornare |

LESSICO

1. Metti in ordine da *sempre* a *mai* gli avverbi di frequenza.

di solito ☐   raramente ☐   sempre ☐

quasi sempre ☐   mai ☐

spesso ☐   a volte ☐

PERCORSO 6
LA VITA QUOTIDIANA

2. Scegli il verbo.

① a) svegliarsi, b) fare colazione,
c) lavorare, d) pranzare

② a) lavarsi, b) alzarsi,
c) fare la doccia, d) guardare la tv

③ a) lavarsi, b) guardare la tv,
c) finire di lavorare, d) fare colazione

④ a) cenare, b) alzarsi,
c) lavorare, d) fare colazione

⑤ a) andare a letto, b) pranzare,
c) finire di lavorare, d) studiare

⑥ a) fare la doccia, b) cenare,
c) andare a letto, d) pranzare

⑦ a) alzarsi, b) pranzare,
c) cenare, d) fare la doccia

⑧ a) svegliarsi, b) cenare,
c) guardare la tv, d) andare a letto

3. Abbina gli orari scritti in cifre alla trascrizione in lettere.

le tre e mezza

1,30

12,00

le nove e un quarto

5,45

9,15

le dodici

le undici e cinque

l'una e mezza

3,30

le sei meno un quarto

11,05

4. Scrivi gli orari in lettere.

1 08.15 .... le otto e un quarto ....

2 13.05 ....

3 04.45 ....

4 13.00 ....

5 12.00 ....

6 11.30 ....

7 22.20 ....

8 00.30 ....

5. Crucinumero.
Questa volta non devi inserire parole ma numeri, e più precisamente le ore. Devi scriverle in quattro cifre: ad esempio, le 7 del mattino vanno scritte 07.00, le 7 di sera sono le 19.00.

ORIZZONTALI
1 Sono le 9 e 10 di sera
5 Manca un quarto alle 4 del mattino
6 Manca un quarto a mezzogiorno
7 Sono le 5 e 5 del mattino

VERTICALI
1 Sono le 8 e 10 della sera
2 È pomeriggio ed è l'una e un quarto
3 Mancano 20 minuti alle 3 del pomeriggio
4 Devo alzarmi presto, alle 6 meno 5

	1	2	3	4
1				
2				
3				
4				

6. Labirinto di frequenze.
Parti da MAI per arrivare a uno dei tre SEMPRE. Passando da una parola all'altra devi sempre avere un leggero aumento di frequenza, mai una diminuzione. Ad esempio, va bene passare da RARAMENTE a A VOLTE, ma non tornare da RARAMENTE a QUASI MAI. Quale dei tre SEMPRE raggiungi?

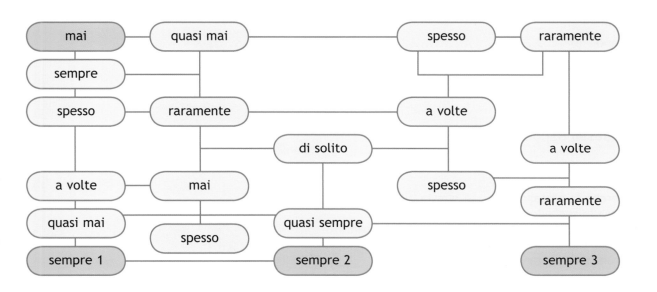

1. Leggi la scheda del film e completa la tabella che segue.

SERGIO CASTELLITTO   MARGHERITA BUY

con la partecipazione di
CLAUDIO AMENDOLA

CATERINA VA IN CITTÀ

un film di
PAOLO VIRZÌ

Caterina va in città

Regia: Paolo Virzì
Sceneggiatura: Francesco Bruni , Paolo Virzì
Scenografia: Tonino Zera
Fotografia: Arnaldo Catinari
Montaggio: Cecilia Zanuso

Anno: 2003
Durata: 90'
Genere: commedia

La famiglia Iacovoni va a vivere a Roma da un paese della provincia. Giancarlo è un insegnante di scuola superiore deluso e depresso che in casa riempie di complessi di ogni tipo la moglie provinciale Agata e spinge la figlia Caterina a diventare amica delle compagne della classe che vengono da famiglie ricche e potenti.
La ragazzina si sente persa e due compagne Margherita e Daniela cercano di conquistare la sua amicizia; la prima è figlia di una scrittrice e di un noto intellettuale, la seconda di un importante membro del governo. In realtà nessuna delle due diventa realmente amica di Caterina e i problemi continuano ad aumentare...
Il film è un ritratto duro dell'Italia degli anni 2000 e rappresenta la realtà di varie generazioni.

1 Titolo ....
2 Regista ....
3 Anno ....
4 Nazionalità ....
5 Genere ....

2. Adesso rispondi alle domande.

1 Chi è la protagonista del film?
2 In quale città si trova?
3 Perché la protagonista è in questa città?
4 Cosa le succede a scuola?
5 Quale periodo della storia dell'Italia è presentato?
6 Quale mondo è descritto?
7 È un film divertente?

CIVILTÀ

1. Trova il termine giusto per definire le immagini.

a casa di campagna ☐

b palazzo [1]

c appartamento ☐

d casa a schiera ☐

e villa ☐

PERCORSO 7
IL CIBO, AL RISTORANTE

LIBRO DELL'APPROFONDIMENTO

LESSICO

1. Completa gli schemi con nomi di prodotti alimentari.

```
..................        ..................
..................        ..................
              carne
..................        ..................
..................        ..................
```

```
..................        ..................
..................        ..................
              frutta
..................        ..................
..................        ..................
```

```
..................        ..................
..................        ..................
              altro
..................        ..................
..................        ..................
```

2. Fa' una lista della spesa con gli ingredienti di cui hai bisogno per fare una zuppa di verdure.

Data: ....

– Mezzo chilo di patate

– Un ....

....

....

....

....

....

3. Cruciverba in cucina.

Completa il cruciverba sulla base dei disegni. Non dovresti metterci più di 2 minuti.

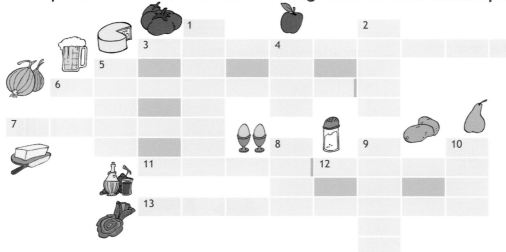

4. Dividi i cibi del riquadro a seconda dei pasti. A volte si ripetono.

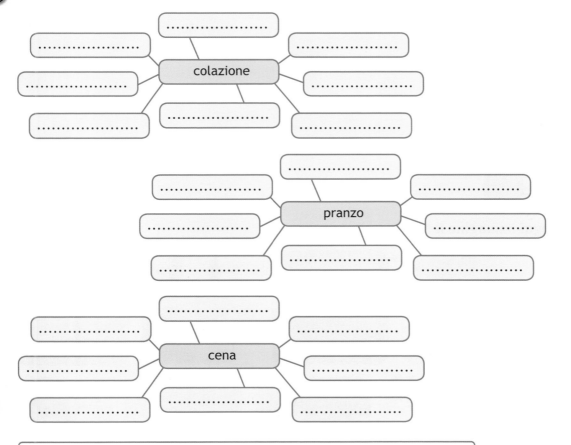

colazione

pranzo

cena

carne, sale, latte, uova, patate, formaggio, burro, olio, mela, pera,
pomodori, prosciutto, aceto, cipolle, aglio, farina, caffè, acqua minerale

5. Correggi gli errori.

1 una bottiglia di piselli ....una scatola di piselli.........

2 un pacchetto di birra ....

3 una bottiglia di zucchero ....

4 una scatola di acqua minerale ....

5 un litro di pasta ....

6 un chilo di latte ....

6. Cruciverba sui piatti.

LEGGERE

1. Abbina a ogni immagine il termine giusto.

a cereali
b ortaggi
c legumi
d frutta
e latticini
f olio di oliva
g pesce
h carne

2. Leggi il testo e pensa alla tua dieta. È sana?

LA DIETA MEDITERRANEA

Da anni, in tutto il mondo, si parla di dieta mediterranea. È un tipo di dieta usata con successo dagli antichi popoli del Mediterraneo e si basa sul consumo di cereali, ortaggi, legumi, frutta, latticini, olio d'oliva, pesce e poca carne.

Non è vero che pane e pasta fanno ingrassare, si possono preparare piatti buonissimi che non sono in contrasto con una dieta corretta. Tutto dipende dalla quantità e bisogna non rendere pesanti i cibi con elaborate preparazioni e condimenti eccessivi. Bastano poche gocce di olio extravergine di oliva e un po' di aromi senza calorie di cui sono ricchi i Paesi del Mediterraneo (origano, basilico, aglio, ecc.) per trasformare un cibo semplice in un piatto buonissimo.

Ma perché proprio l'olio di oliva? In tempi relativamente recenti si è scoperto che l'olio d'oliva ha proprietà che rendono equilibrata la pressione sanguigna, abbassano il livello di colesterolo nel sangue, ecc. Per questo si preferisce usarlo al posto dei grassi animali.

3. Leggi il brano e indica se le affermazioni sono vere o false:

		vero	falso
a	Solo gli antichi popoli del mediterraneo seguono questa dieta.		
b	La dieta mediterranea è solo vegetariana.		
c	Il consumo di pane e pasta, nella giusta quantità non fa ingrassare.		
d	Bisogna fare attenzione a non eccedere con i condimenti.		
e	Bisogna fare attenzione a non usare troppi aromi che sono eccessivamente calorici.		
f	L'olio extravergine di oliva aiuta l'equilibrio della pressione sanguigna.		
g	L'olio extravergine di oliva fa diminuire il livello di colesterolo nel sangue.		
h	Si preferisce il burro all'olio di oliva.		

PERCORSO 1
IL CIBO, AL RISTORANTE

RIFLESSIONE GRAMMATICALE

1. Metti gli articoli e forma il plurale dei nomi.

1 ......il..... bar	.........i.....	.............bar...............
2 .... autobus	....	....
3 .... macellaio	....	....
4 .... zio	....	....
5 .... foto	....	....
6 .... psicologo	....	....
7 .... moto	....	....
8 .... uomo	....	....
9 .... crisi	....	....
10 .... virtù	....	....
11 .... amico	....	....
12 .... città	....	....
13 .... film	....	....
14 .... caffè	....	....

2. Completa le frasi e il cruciverba alla pagina successiva con le parole del riquadro.

Cameriere: Buonasera. Siete in due?

Di Napoli: Buonasera. Sì, avete un tavolo tranquillo dove .... (*1*) parlare di affari?

Cameriere: Sì, di fianco a quella pianta... Prego, se .... (*2*),
.... (*3*) sedervi, il menù è sul tavolo.

Sandro: Hmm, io .... (*4*) un antipasto e un primo.

Di Napoli: E da bere? Cosa .... (*5*)?

Sandro: .... (*6*) dell'acqua.

Cameriere: .... (*7*) ordinare?

Di Napoli: Sì, allora, per me un piatto di risotto ai funghi e della carne alla griglia.

Cameriere: E di contorno?

Di Napoli: Sì, allora; .... (*8*) dell'insalata mista.

Cameriere: E lei, cosa .... (*9*) mangiare?

Sandro: Un antipasto di mare e un piatto di penne all'arrabbiata.

Cameriere: E da bere?

Di Napoli: Acqua minerale e una bottiglia di vino rosso della casa.

volete, vorrei, volete, vorrei, vuoi, possiamo, potete, vorrei, vorrebbe

```
                                                    3
                            2           1


              7  4→
                 ↓


        8  6→
           ↓


  5


9
```

3. Rispondi alle domande.

1 Questa bicicletta è di Jorge? No, *non è la sua. La sua è verde.* (*verde*)

2 Questo è il ristorante
di Roberto e Emilio? No, ... (*vicino alla banca*)

3 Quella è la tua ragazza? No, ... (*di Giuseppe; i capelli biondi*)

4 Quelli sono i vostri figli? No, ... (*dei nostri vicini*)

5 Quella è la vostra casa
o la casa di Paolo? ....

6 Di chi sono la pizza ai quattro
formaggi e la margherita?
Di Carmela e Pasquale? No, ... (*alle verdure*)

4. Trova i numeri ordinali all'interno dello schema.

H	U	T	D	P	H	D	G	S	K
G	H	K	L	E	H	R	T	R	S
Z	X	C	V	F	C	I	N	M	E
P	R	I	M	O	H	I	H	O	S
Q	U	I	N	T	O	K	M	Y	T
U	N	U	O	T	E	R	Z	O	O
A	T	O	F	A	M	U	I	L	H
R	U	G	N	V	I	H	U	Y	T
T	S	E	C	O	N	D	O	L	P
O	R	S	E	T	T	I	M	O	A

5. Correggi gli errori, se necessario.

1 Ho gli amici molto simpatici.

.... *Ho degli amici simpatici.* ....

2 Hai della caramella? ···

....

3 C'è ancora un caffè in casa?

....

4 C'è della latte in frigorifero?

....

5 Devo comprare uno zucchero, una farina e poi?

....

6 Va' dal salumiere e chiedi se hanno ancora delle uova.

....

6. Completa il dialogo.

Cameriere: Buonasera. È solo?

Cliente: ....

Cameriere: Dove vuole, di fianco alla finestra, va bene?

Cliente: ....

Cameriere: Il menù? È sul tavolo.

Cliente: ....

Cameriere: Benissimo. Cosa vorrebbe come antipasto?

Cliente: ....

Cameriere: Salumi misti e penne all'arrabbiata come primo. E da bere? Cosa vorrebbe?

Cliente: ....

Cameriere: Naturale o gasata?

Cliente: ....

Cameriere: Desidera un secondo?

Cliente: ....

Cameriere: Carne alla griglia... E di contorno?

Cliente: ....

Cameriere: Carne alla griglia e insalata mista. Nient'altro?

Cliente: ....

7. Completa le espressioni con un/uno/una/del/dello/della/dell'/dei/degli/delle.

1 .... *delle* .... uova

2 .... spaghetti

3 .... acqua minerale

4 .... cipolla

5 .... pomodoro

6 .... formaggio

7 .... carciofi

8 .... gelato

9 .... pizza

10 .... mela

11 .... olio

12 .... patate fritte

PERCORSO 8
IL TEMPO LIBERO

LIBRO DELL'APPROFONDIMENTO

LESSICO

1. Indovina di che luogo si tratta.

1 Ci sono molti locali come questo. Ci vanno sia i vecchi che i giovani. I vecchi giocano spesso a carte, i giovani chiacchierano o fanno altri giochi. Tutti bevono o mangiano qualcosa.

B. ar...

2 In questo posto si trovano soprattutto giovani, il sabato sera o la domenica per ballare.

D...

3 Durante il campionato di calcio questo posto si riempie di gente che guarda la partita dal vivo.

S...

4 Alla sera molti giovani vanno in questi posti per stare in compagnia bevendo una birra o altro.

B...

5 È molto di moda andare in questi posti per fare un po' di movimento, un po' di ginnastica.

P...

6 Ci vado per nuotare.

P...

7 Questo posto invece non è molto di moda, ma fortunatamente esiste. Si possono prendere in prestito libri o fermarsi a leggere libri e giornali.

B...

8 Ci vado per vedere un film su uno schermo molto grande.

C...

2. Completa la tabella con le attività del tempo libero che conosci.

sport	attività manuali	attività intellettuali
tennis	....	....
....	....	....
....	....	....
....	....	....
....	....	....

3. Scegli l'attività.

1 ....
....

a) fotografare
b) raccogliere monete
c) osservare le stelle

2 ....
....

a) andare a pesca
b) cantare
c) andare a caccia

3 ....
....

a) dipingere
b) fare teatro
c) fare la maglia

4 ....
....

a) andare a pesca
b) andare in bicicletta
c) suonare uno strumento

5 ....
....

a) fare trekking
b) cucinare
c) fotografare

6 ....
....

a) raccogliere monete
b) suonare uno strumento
c) osservare le stelle

7 ....
....

a) fare trekking
b) andare a caccia
c) dipingere

8 ....
....

a) fare teatro
b) andare in bicicletta
c) dipingere.

4. Inserisci le parole mancanti nello schema, basandoti sulle lettere che trovi già inserite.

Nella tradizione italiana, in ogni ....
grande o piccola, e anche nei ....
sparsi nella campagna, il centro di incontro
era la ...., il luogo dove ci si trovava
con gli amici a chiacchierare; è un'abitudine che sta
scomparendo: molti preferiscono guardare film, a casa
in .... oppure nei grandi ....
multisala, dove spesso ci sono anche bar, sale da bowling, ecc.
Ci sono due nuove forme di passatempo che hanno tolto
i ragazzi dalle piazze: da un lato, il mito della forma fisica
li spinge a passare ore in ...., dall'altro la passione
del .... in internet sta contagiando un po' tutti
e vuol dire che per ore si resta da soli, anziché chiacchierare
in piazza con gli ....!

P

C

A

E   I

Z

SCRIVERE

1. Abbina le frasi di destra a quelle di sinistra.
   Usa parole come: *perché, dove, quando, e, ma, o, poi, prima, e poi.*

1 Ho trovato un mio caro amico ad aspettarmi
.......quando........

2 Non vado mai in vacanza
....

3 Stasera sto a casa
....

4 Sono uscito dal teatro deluso
....

5 Ieri sera sono andato in discoteca e
....

6 Mi piace molto viaggiare
....

a c'è molta gente.

b esco a bere una birra con alcuni amici.

c sono andato a mangiare una pizza.

d odio l'aereo.

e sono arrivato a casa.

f non mi è piaciuto lo spettacolo.

2. Scrivi un paragrafo su quello che hai fatto nel tempo libero la settimana scorsa.
   Usa le parole che hai imparato per collegare le idee.

....
....
....
....
....

RIFLESSIONE GRAMMATICALE

1. Completa la tabella con i participi passati.

bere	....	fare	....	rimanere	....
chiedere	....	leggere	....	rispondere	....
chiudere	....	mettere	....	scegliere	....
correggere	....	nascere	....	scrivere	....
correre	....	offrire	....	succedere	....
cuocere	....	perdere	....	tradurre	....
decidere	....	piacere	....	vedere	....
dire	....	piangere	....	venire	....
dividere	....	(pro)porre	....	vincere	....
essere	....	prendere	....	vivere	....

2. Scrivi il verbo all'infinito.

perso	....	nato	....
corso	....	vissuto	....
vinto	....	successo	....
stato	....	letto	....
rimasto	....	cotto	....

3. Metti il verbo al singolare.

avete proposto	....	siete tornate	....
sono arrivate	....	sono vissuti	....
abbiamo letto	....	abbiamo amato	....
hanno scritto	....	sono nate	....
siamo andati	....	avete scelto	....

4. Trasforma le frasi al plurale.

1 Ieri sera sono andato a letto presto.   .... *Ieri sera siamo andati a letto presto.* ....

2 Domenica ho visto un bel film al cinema.   ....

3 Ho accompagnato Giovanni in stazione.   ....

4 Quando sei tornato dalle vacanze?   ....

5 Quando hai cominciato il nuovo lavoro?   ....

6 Fabrizia è nata in dicembre.   Fabrizia e sua sorella ....

7 Hai cambiato numero di telefono?   ....

8 Ho preparato un ottimo risotto ai funghi.   ....

5. Forma delle frasi. Attenzione il verbo è all'infinito.

1 Vendere/vecchia/nostra/macchina/la

.... *Abbiamo venduto la nostra vecchia macchina.* ....

2 Scorsa/Paco/fare/d'italiano/a/Venezia/estate/l'/corso/un

....

3 Visitare/anno/turisti/Parma/molti/quest'

....

4 Piacere/la/compleanno/di/ci/molto/tua/festa

....

5 A/questa/ora/mattina/fare colazione/che?

....

6 Sera/insieme/Claudia e Giacomo/ieri/uscire

....

6. Ai verbi del testo seguente è successo qualcosa. Prova a metterli in ordine.

Allora…10 giorni fa **ho dato** (*1*) una lettera con un biglietto con scritto: "Complimenti!
Lei **ha trovato** (*2*) un week-end di sport presso il Centro Natura e Salute"… Poi l'indirizzo e il numero
di telefono. Così **ho ripreso** (*3*) e mi **hanno confermato** (*4*) tutto, ma non mi **hanno visto** (*5*) dire come
mai **hanno vinto** (*6*) questo premio proprio a me. **Sono salita** (*7*), curiosa di saperne di più e quando
sono andata (*8*) là, **ho ricevuto** (*9*) molte altre persone che come me avevano vinto un week-end presso
quel centro. La cosa si è fatta subito misteriosa: mi **hanno voluto** (*10*) una stanza e la chiave… **sono
arrivata** (*11*) nella mia camera e curiosa come sempre, dietro la porta **ho dato** (*12*) un cartello con
i prezzi: per la pensione completa il prezzo era di 60 euro al giorno comprese le attività sportive.
Invece il prezzo della pensione completa della seconda possibilità dal nome abbastanza chiaro "prezzo
week-end di sport gratuito" era di 45 euro, ma gli sport naturalmente erano gratuiti. Ti puoi immaginare
la mia rabbia e la velocità con cui me ne **sono partita** (*13*) via… **Ho telefonato** (*14*) i miei documenti
e urlando sono ripartita… Gli altri "vincitori" probabilmente hanno fatto la stessa cosa…
Intervistatore: Mica male come avventura.

☐ ☐ ☐ ☐ ☐ ☐ ☐ ☐ ☐ ☐ ☐ ☐ ☐ ☐

**7. Trasforma le frasi al passato prossimo facendo attenzione all'accordo
del participio passato.**

1 Oggi non vado a lavorare.

Ieri ……………………………………………………………

2 Stasera usciamo a mangiare una pizza.

Sabato scorso ……………………………………………………………

3 Domenica prossima Patty parte per le vacanze.

Domenica scorsa ……………………………………………………………

4 Antonella e Carla arrivano lunedì sera.

…………………………………………………………… lunedì scorso.

5 Mario e Linda cambiano casa l'anno prossimo.

…………………………………………………………… l'anno scorso.

6 Gli studenti entrano a scuola alle 8.

Ieri ……………………………………………………………

8. Fa' le domande.

1 ………………………………………………… Di domenica di solito molto tardi, ma oggi fino alle 7.

2 ………………………………………………… Perché sono andato al mare.

3 ………………………………………………… Con la mia ragazza e due amici.

4 ………………………………………………… No, in moto.

5 ………………………………………………… In un ristorante dove fanno il pesce in modo meraviglioso.

6 ………………………………………………… Verso le 7.

7 ………………………………………………… Alle 9 circa.

8 ………………………………………………… Niente, sono andato a letto subito.

9. Racconta la storia di Antonella.

1 1973/nascere/Verona

....

2 1976/andare/asilo

....

3 1979/iniziare/scuola elementare

....

4 1987-1992/liceo classico

....

5 1992-1997/architettura/Università di Venezia

....

6 10-1997/andare/Inghilterra

....

7 3-1998/conoscere Robert

....

8 9-1999/nascere/Alice e Nina

....

9 2001/tornare/Italia

....

10 2002/trovare/lavoro/Padova

....

10. Il labirinto degli ausiliari. Si parte dal verbo *avere*, in alto a sinistra; percorri il labirinto andando solo sui verbi che richiedono l'ausiliare *avere* per formare il passato prossimo: se segui il percorso corretto, arrivi a *brindare*... altrimenti torna indietro e scopri dove hai sbagliato strada.

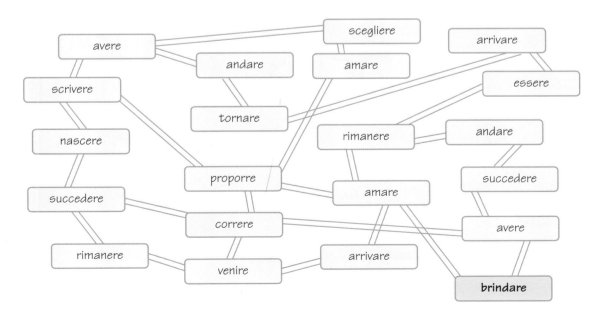

Le date

11. Rispondi alle domande che seguono. Scrivi le date in lettere.

1 Viene una settimana dopo il 15/4.
............................*Ventidue aprile*..

2 È Natale.
....

3 È il primo giorno di primavera.
....

4 È la festa dei lavoratori.
....

5 Esiste solo una volta ogni quattro anni.
....

6 È l'ultimo giorno dell'anno.
....

7 In onore di una vecchia signora, la Befana o dei tre Re Magi.
....

8 Il giorno di Ferragosto.
....

CIVILTÀ

**1. Com'è cambiato il tempo libero nel tuo paese rispetto al passato?
Prova a riempire la tabella usata nel libro di classe per gli italiani:**

	Nel passato	Ora
Uomini:	....	....
	....	....
	....	....
Donne:	....	....
	....	....
	....	....
Giovani:	....	....
	....	....
	....	....

Posti o locali pubblici
in cui incontrarsi.

**2. Quali sono i luoghi di ritrovo tipici del tuo paese? Da chi sono frequentati?
Raccogli le informazioni dell'esercizio precedente e prova a scrivere un breve brano.
Puoi iniziare così:**

Nel mio paese il ritrovo tipico del tempo libero è sempre stato/a ....

....

....

....

....

....

....

....

....

....

....

GIOCA COI SUONI

PERCORSO 1
IN VIAGGIO

1. Ascolta e ripeti le vocali.

/i/ /u/
/e/ /o/
/ɛ/ /ɔ/
/a/

2. Ascolta le parole e fa' un segno nella colonna corretta.

	/i/	/e/	/ɛ/	/a/	/ç/	/o/	/u/
1			✕				
2							
3							
4							
5							
6							
7							
8							
9							
10							

3. Ascolta le parole e sottolinea l'accento principale.

1 italiano
2 nazionalità
3 francese
4 Italia
5 Marocco
6 brasiliano
7 America
8 americano
9 Francia
10 marocchino

GIOCA COI SUONI

PERCORSO 2
ALLA STAZIONE

- I suoni /p/ Napoli e /b/ abitare

1. Ascolta le parole e fa' un segno nella colonna corretta.

	/p/	/b/
1)	☐	☒
2)	☐	☐
3)	☐	☐
4)	☐	☐
5)	☐	☐
6)	☐	☐
7)	☐	☐
8)	☐	☐
9)	☐	☐
10)	☐	☐

2. Ascolta le parole e scrivile nella colonna corretta.

/p/	/b/
esprimere	....
....	....
....	....
....	....
....	....

3. Leggi le parole che hai scritto al tuo compagno. Che differenze ci sono?

GIOCA COI SUONI

PERCORSO 3
STUDIARE E LAVORARE

- I suoni /k/ **c**he; /g/ pre**g**o; /tʃ/ fran**c**ese; /dʒ/ **g**iorno

1. Ascolta queste parole: contengono i suoni /k/ /g/ /tʃ/ /dʒ/.

carriera	agente	stanca	amici	Perugia	giusto	Genova
cosa	giovane	impiegato	Parigi	gusto	dialogo	qualcuno
Inghilterra	Pechino	Giappone	amiche	Portogallo	portoghese	macellaio

**2. Ora ascolta di nuovo le parole dell'attività precedente e prova a sottolineare le sillabe
che contengono i suoni** /k/ /g/ /tʃ/ /dʒ/.

3. Ascolta le parole della prima colonna, contengono i suoni /k/ /g/.
Prova a collegarli con i simboli della seconda colonna.

1	Ragusa	a	/ka/
2	Senegal	b	/ke/
3	iugoslavo	c	/ki/
4	tedesco	d	/ku/
5	marocchina	e	/ko/
6	Ungheria	f	/ga/
7	greche	g	/ge/
8	Camerun	h	/gi/
9	curdo	i	/go/
10	Inghilterra	l	/gu/

> Ogni parola è composta da **sillabe**,
> ad esempio la parola "francese"
> è composta dalle sillabe
> **fran-ce-se**.
>
> Le sillabe sono formate da una o più
> consonanti e una vocale, o anche
> dalla sola vocale come in **cia-o**!

4. Ascolta le parole della prima colonna, contengono i suoni /tʃ/ /dʒ/.
Prova a collegarli con i simboli della seconda colonna.

1	giugno	a	/tʃa/
2	arrivederci	b	/tʃe/
3	geografia	c	/tʃi/
4	Giovanni	d	/tʃo/
5	ciao	e	/dʒa/
6	Parigi	f	/dʒe/
7	piacere	g	/dʒi/
8	annuncio	h	/dʒo/
9	Perugia	i	/dʒu/

> Attenzione, per il suono /kw/
> come in **qu**i, **qu**ello, **qu**alcosa ecc.
> vedere il Percorso 10.

5. Ora fa' attenzione a come questi suoni si scrivono e prova a completare la tabella.

/k/	/g/	/tʃ/	/dʒ/
c + u = /ku/	g + ...= /gu/	c + i + u = /tʃu/	g + ...= /dʒu/
c + o = /ko/	g + ...= /go/	c + i + o = /tʃo/	g + ...= /dʒo/
c + a = /ka/	g + ...= /ga/	c + i + a = /tʃa/	g + ...= /dʒa/
c + h + e = /ke/	g + ...= /ge/	c + e = /tʃe/	g + ...= /dʒe/
c + h + i = /ki/	g + ...= /gi/	c + i = /tʃi/	g + ...= /dʒi/

GIOCA COI SUONI

Rete! JUNIOR

PERCORSO 4
LA FAMIGLIA

• I suoni /m/ *m*edico; /n/ u*n*

1. Ascolta le parole e fa' un segno nella colonna corretta.

	/m/	/n/
1)	☒	☐
2)	☐	☐
3)	☐	☐
4)	☐	☐
5)	☐	☐
6)	☐	☐
7)	☐	☐
8)	☐	☐
9)	☐	☐
10)	☐	☐

2. Ascolta le parole e scrivile nella colonna corretta.

/m/	/n/
........armadio........	....
....	....
....	....
....	....
....	....

3. Leggi le parole che hai scritto insieme a un tuo compagno.

GIOCA COI SUONI

• I suoni /t/ **t**empo; /d/ nor**d**   • Intonazione negativa e affermativa

1. Ascolta le coppie di parole. Fa' attenzione, le parole con * (asterisco) non esistono.

* abitande	abitante	dado	dato	età	* edà	bibita	* bibida
* vetere	vedere	* cardolina	cartolina	calendario	* calentario	sedia	* setia
* ambiende	ambiente	* lavantino	lavandino	aceto	* acedo	madre	* matre

2. Ascolta le parole e scrivile nella colonna corretta.

/t/	/d/
....	.........desiderio.........
....	....
....	....
....	....
....	....

3. Ascolta queste frasi. Fa' attenzione all'intonazione.

a Non lo vedo!
b Non lo so.
c Dammi quella borsa, per favore.
d Non risponde nessuno!

e Vengono domani
f No grazie! L'ho già preso!
g Lo so! Lo so!
h Mi piace guidare!

> Hai già notato
> che non c'è differenza
> tra l'intonazione negativa
> e l'intonazione affermativa?
> Infatti, tutte e due hanno
> un'intonazione discendente.

4. Leggi le frasi dell'esercizio precedente insieme a un compagno.

GIOCA COI SUONI

PERCORSO 6
LA VITA QUOTIDIANA

- I suoni /r/ *r*osso; /l/ *l*una
- Mettere in risalto un elemento della frase

 1. Ascolta queste coppie di parole. Ti sembrano uguali o diverse? Fa' un segno nella colonna corretta.

	uguali	diverse			uguali	diverse			uguali	diverse			uguali	diverse
a		X		c				e				g		
b				d				f				h		

 2. Ascolta e scrivi le parole dell'attività precedente.

...*Caro*......*Calo*...

....

 3. Ascolta questo breve dialogo e fa' attenzione a come il parlante B mette in rilievo una parola nella frase.

A : Questa è mia?

B : No! Questa è la <u>mia</u> penna!

 4. Ascolta le frasi e sottolinea le parole che vengono messe in rilievo.

1 Questo è mio!

2 Oggi vengono i miei amici!

3 Oggi vado dai miei!

4 Luca è molto simpatico!

5 Questo non è nostro!

6 Questo è suo fratello!

GIOCA COI SUONI

PERCORSO 7
IL CIBO, AL RISTORANTE

- I suoni /ɲ/ compa**gn**o; /ʎ/ fi**gl**io; /ʃ/ pe**sc**e
- Accento nelle parole

1. Ascolta le parole.

cognome	gli	fascino	montagna	tovagliolo	prosciutto
compagne	griglia	scegliere	significato	raccogliere	sciocco

2. Ascolta le parole e fa' un segno nella colonna corretta.

	/ɲ/	/ʎ/	/ʃ/
1	✕		
2			
3			

	/ɲ/	/ʎ/	/ʃ/
4			
5			
6			

	/ɲ/	/ʎ/	/ʃ/
7			
8			
9			

3. Ascolta e scrivi le parole dell'attività precedente.

/ɲ/	/ʎ/	/ʃ/
bagno	....	....
....	....	....
....	....	....

4. Ascolta le parole e sottolinea le sillabe accentate.

<u>ca</u>mera	città	farmacia	pavimento	nazionalità	telefonata
cassetta	perché	caffè	camicia	ipotesi	ditta

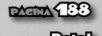

PERCORSO 8
IL TEMPO LIBERO

• I suoni /f/ *f*iore; /v/ *v*ino; /s/ *s*ale; [z] *s*venire

1. Ascolta le parole e fa' un segno nella colonna corretta.

	/f/	/v/	/s/
1		✕	
2			
3			
4			
5			
6			
7			
8			
9			

2. Ascolta e scrivi le parole dell'attività precedente.

/f/	/v/	/s/
....	*chiave*	....
....	....	....
....	....	....

> Hai notato che il suono della /s/ ("esse" sorda)
> può essere pronunciato anche /z/ ("esse" sonora)?
> Ad esempio francese può essere pronunciato
> /fran'tʃese/ o /fran'tʃeze/.
> Tutte e due queste pronunce sono considerate accettabili.
> La "esse" sonora è di solito necessaria quando
> è seguita da una consonante sonora
> come **b d g m n r v**
> ad esempio sviluppo /zvi'luppo/.

3. Ascolta e sottolinea le parole che contengono la "esse" [z] sonora.

visione	aspetto	chiesa	corso	turismo	svedese
isola	testa	scarpe	esame	sveglia	affresco

Simboli usati per la trascrizione dei suoni

I suoni delle vocali

/i/ v*i*no
/e/ v*e*rde
/ɛ/ f*e*sta
/a/ c*a*sa
/ɔ/ n*o*ve
/o/ s*o*le
/u/ *u*va

I suoni delle semiconsonanti

/j/ *i*eri   /w/ ling*u*a

I suoni delle consonanti

/p/ Na*p*oli
/b/ a*b*itare
/m/ *m*edico
/n/ u*n*
/t/ *t*empo
/d/ nor*d*
/ɲ/ compa*gn*o
/k/ *c*asa, *ch*e; *q*uando
/g/ pre*g*o; un*gh*erese
/ts/ a*z*ione
/dz/ *z*anzara
/tʃ/ fran*c*ese; *c*iao
/dʒ/ *g*ente; *g*iorno
/f/ *f*iore
/v/ *v*ino
/s/ *s*ale
/z/ *s*venire
/ʃ/ pe*sc*e; *sci*arpa
/r/ *r*osso
/l/ *l*una
/ʎ/ fi*gl*io

L'accento è indicato con il segno / '/ prima della sillaba accentata.
Il simbolo * davanti a una parola significa che la parola non esiste.
Il simbolo [:] indica un suono lungo.

1. **Abbina le vignette al dialogo. Attenzione: ci sono due vignette in più.**

☐ **a** - Ciao, io mi chiamo John, sei cinese?
 - Piacere sono Diana, io sono americana.
 Mia madre è cinese.

☐ **b** - Anna, questa è Isabelle, la mia amica di Parigi.
 - Ciao, piacere di conoscerti.

☐ **c** - Ciao Marta, allora a domani...
 - Sì, certo. Ci vediamo domani a scuola.

☐ **d** - Allora arrivederla Signor Gaspari, e grazie di tutto!
 - Si figuri, è stato un piacere, a presto.

☐ **e** - Prego, il suo passaporto è in regola.
 È in Italia per lavoro?
 - No, per studio.

☐ **f** - Un documento prego. Resta per molti giorni?
 - No, solo due giorni. Sono qui per lavoro.
 Ecco il mio passaporto.

☐ **g** - Scusi, non ho capito.
 Può ripetermi il suo nome?
 - Roche, Isabelle ROCHE, vorrei prenotare
 una camera per due giorni.

..... / 7

2. **Trova le espressioni di saluto. Ce ne sono sei.**

A	U	S	K	B	C	L	O	M	A	B	T	R	H
B	A	U	A	R	R	I	V	E	D	E	R	C	I
A	N	A	R	I	C	A	S	T	I	V	A	R	A
I	A	O	B	U	O	N	A	N	O	T	T	E	L
S	R	E	U	S	T	E	G	D	L	I	B	D	L
C	I	A	O	O	T	I	L	E	R	I	N	N	A
F	A	R	N	A	T	E	R	V	J	U	D	I	F
U	T	E	A	A	L	P	I	A	C	E	R	E	D
C	U	N	S	I	L	O	M	E	D	R	O	A	B
E	U	N	E	S	S	E	T	I	L	E	M	I	U
U	O	O	R	T	E	Z	Z	L	D	G	B	V	O
P	U	C	A	T	E	R	A	L	I	A	N	O	T
N	R	O	S	I	T	I	L	O	R	E	N	O	T
C	O	N	E	B	U	O	N	G	I	O	R	N	O

..... / 6

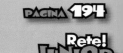

3. **Osserva la risposta e scrivi la domanda corretta in modo formale e informale.**

Domanda		Risposta
formale	informale	
........Buongiorno, come sta........?	..............Ciao, come stai..............?	Bene grazie.
...................................?	...................................?	Marcela García.
...................................?	...................................?	Sono spagnola.
Dove ....?	...................................?	Studio a Perugia

..... / 6

4. **Completa il cruciverba con gli aggettivi di nazionalità.**

*   Mei Li vive a Pechino. Lei è... •••••••••••••••••••••••••••••••••
1 Simon vive a Londra. Lui è...
2 Francesco vive a Roma. La sua nazionalità è...
3 Ursula vive a Berlino. Lei è...
4 Susy studia a New York. Lei è...
5 Hélène abita a Parigi. Lei è...
6 Irina è in vacanza in Italia, ma vive a Mosca. Lei è...

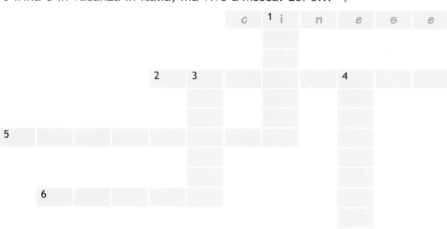

..... / 6

5. **Abbina le frasi come nell'esempio.**

1 - Buongiorno signora Risi come sta? •••••
2 - Francesca, ti presento il dottor Benni.
3 - Scusi, di dov'è Lei?
4 - Ciao, sei spagnolo?
5 - Paola, questo è Marco
6 - Ciao Gino, come stai?

a - Ciao, come va?
b - Sì, sono di Barcellona, e tu?
c - Non c'è male, grazie e Lei?
d - Abbastanza bene, e tu?
e - Sono di Madrid, piacere.
f - Piacere di conoscerla.

..... / 5

NOME:
COGNOME:
DATA:
CLASSE:

Totale ..... / 30

1. Osserva le immagini e trova i nomi degli oggetti completando il cruciverba.

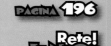

2. Scrivi in lettere i numeri.

1 Scusa, qual è il numero del tuo volo?
(AZ11-0-2) ....

2 Qual è il tuo numero di telefono?
(5-3-18-9-8-6) ....

3 Ecco il tuo nuovo numero di carta di credito.
(17-4-12-11) ....

4 Scusa, puoi ripetere il numero del tuo documento?
(7-1-13-19) ....

..... / 4

3. Completa le domande con le espressioni contenute nel sacco.

.... *Di dov'è?* .... il professore?

1 .... ti chiami?

2 .... abiti?

3 .... anni hai?

4 .... sei stanco?

5 .... il tuo indirizzo?

6 .... il gatto?

7 .... torni a casa?

8 .... sei?

dove
perché   dov'è
quanti   di dove
come   qual è

..... / 8

4. Riordina le seguenti frasi.

1 nuovo il Luisa ho telefono di numero non di ....

2 ci Venezia sono cinema non a molti ....

3 americano a ma è John Londra abita ....

..... / 3

5. Completa il testo con i verbi *prendere, scrivere, studiare, avere, lavorare.*

Ahmed abita a Roma ma .... all'Università di Perugia

dove .... una piccola camera in affitto con un amico marocchino.

Il fine settimana .... il treno e torna a Roma, dove ....

in un ristorante arabo. In treno .... lettere ai suoi amici in Marocco.

..... / 5

| NOME: |
| COGNOME: |
| DATA: |
| CLASSE: |

Totale ..... / 30

PERCORSO 3 - TEST
STUDIARE E LAVORARE

1. **Completa il testo con gli articoli determinativi.**

Chi desidera avere .... permesso di soggiorno in Italia deve completare una scheda

e scrivere .... nome, ... nazionalità, ... indirizzo e .... numero

di telefono in Italia, ... stato civile, ... titolo di studio o .... professione.

..... / 8

2. **Completa con le preposizioni *in*, *a*, o *per*.**

Françoise Dupont è una ragazza francese. Vive .... Italia, ... Milano.

Ha una borsa di studio .... un anno. Tutti i giorni, la mattina, va .... scuola

di italiano .... quattro ore. Poi torna .... casa, ... Via Verdi,

vicino .... Piazza del Duomo, dove vive con tre amiche.

Il pomeriggio va all'università, ma solo ....tre giorni alla settimana.

..... / 9

3. **Completa il testo di queste cartoline con i verbi indicati.**

Ciao Paola,
adesso .... a Venezia.
.... una camera in affitto
con altri studenti. .... italiano e
la sera .... la baby-sitter.
E tu come ....?
.... sempre la musica heavy metal?
Quando .... il nuovo indirizzo
ti .... subito un'altra cartolina.

Ti abbraccio, Martine

tanti saluti da Venezia

essere, cercare, fare, studiare, avere, scrivere, ascoltare, stare

..... / 8

Cara Francesca,
come .... ? Noi molto bene! ....
in un piccolo albergo in centro, ma .... un
appartamento in affitto.
Perugia è veramente molto bella.
Non .... ancora bene l'italiano
ma .... un corso all'università. Peter
.... molte lettere per trovare un lavoro.
Quando ....
il corso, ... in Germania.

Un bacione e a presto, Peter e Margit

tanti saluti
da Perugia

| cercare, fare, sapere, scrivere, stare, vivere, tornare, finire |

..... / 8

---

4. **Leggi questo testo e riordina le frasi della seconda colonna secondo il senso.**

1 Ciao, io mi chiamo Gianni.
2 Sei amico di Luisa da tanto tempo?
3 Non sei italiano?

4 Lavori o studi?
5 Di che cosa?
6 Perché sei venuto in Italia?
7 Sai parlare l'italiano molto bene, complimenti.
8 Andiamo a prendere un caffè?

a D'accordo, però offro io.
b È un negozio di materiale informatico, vendiamo computer.
c Grazie, studio ogni giorno in una scuola, di sera, quando finisco di lavorare; mi piace l'italiano.
d Piacere, sono Pierre.
e Sì, più o meno tre anni.
f Lavoro in un negozio.
g Mi sono sposato con una ragazza di Roma e così...

h No, sono di Parigi, ma vivo a Roma da tre mesi.

1	2	3	4	5	6	7	8

..... / 8

---

5. **La segreteria telefonica di Paola non funziona molto bene.**
   Completa il messaggio secondo il senso.

Ciao Paola, ... Martina. Ti chia.............. per dirti che quest.............. sera con degli

amic.............. ci trovi .... a casa mia perché è il mio compleanno. Ci ved.............. verso

le otto. Porta anche .... tuo ragazz.............. . Ciao, ... presto.

..... / 9

NOME:
COGNOME:
DATA:
CLASSE:

Totale ..... / 50

1. In questa tabella si nascondono otto nomi di famiglia. Trovali e scrivili come nell'esempio. I nomi possono essere in orizzontale, in verticale e in obliquo.

```
A  I  N  S  A  F  Z  D  R  H  M
M  A  U  O  E  I  I  A  F  C  S
F  H  A  R  I  P  A  D  R  E  B
U  T  D  E  C  N  L  L  A  E  C
J  A  A  L  S  S  O  U  T  T  H
M  E  A  L  E  C  I  O  E  N  I
A  O  I  A  D  E  P  R  L  U  L
R  K  G  O  M  I  S  D  L  L  R
I  U  U  L  N  O  N  N  O  A  S
T  J  E  S  I  P  A  R  P  O  U
O  F  U  N  I  E  C  A  S  S  E
```

..... / 8

2. Osserva l'albero genealogico della famiglia Bellini. Quindi completa le frasi seguenti come nell'esempio.

1 Paola è .... di Gino.

2 Maria è .... di Francesco e Paola.

3 Gino è .... di Filippo.

4 Marta e Filippo sono ....
di Pietro e Luisa.

5 Paola è .... di Maria.

6 Maria è .... di Gino e Caterina.

7 Caterina è .... di Maria.

8 Pietro è .... di Maria.

9 Marta e Filippo sono ....

10 Filippo è .... di Gino e Caterina.

..... / 10

3. Riordina le seguenti frasi.

1 casa - sorella - è - di - molto - la - grande - mia

....

2 amica - questa - cena - a - mia - Anna - viene - la - sera

....

3 molto - è - sua - giovane - e - sempre - gentile - ancora - madre

....

..... / 3

4. Leggi i dialoghi e segna con una X la vignetta corretta.

1 - Signora. Può descrivere il ladro?
- Certo. Un uomo alto, piuttosto grasso, penso abbastanza giovane...

ⓐ ⓑ ⓒ ⓓ

2 - Allora dimmi, com'è il tuo uomo ideale?
- Vorrei un uomo della mia età, non molto alto perché io sono abbastanza piccola, magro e sempre elegante...

ⓐ ⓑ ⓒ

3 - Com'è il tuo cane?
- È piccolo, molto dolce e carino. Per la verità è anche un po' grasso. Ormai ha dieci anni, è abbastanza vecchio.

ⓐ ⓑ ⓒ

..... / 3

5. Abbina le frasi della colonna di sinistra a quelle della colonna di destra.

1 Grazie Luisa, a presto.
2 Scusi, dov'è il bagno?
3 Ecco il suo documento.
4 Posso entrare?
5 Posso vedere la camera?
6 Buongiorno, c'è Marta?

a In fondo, la prima porta a sinistra.
b Sì, un momento, viene subito.
c Figurati, grazie a te. Ciao.
d Certo, al terzo piano la prima porta a destra.
e Certamente, prego.
f Grazie, arrivederci.

..... / 6

6. In questo dialogo ci sono dieci errori.
Trovali e scrivi nello spazio a fianco la forma corretta come nell'esempio.

Francesca: - Pronti Luisa?
Luisa: - Che parla?
F: - Siamo Francesca...
L: - Francesca, che sorpresa! Sono a Venezia?
F: - Sì, in queste giorni sono a Venezia. Poi, la settimana prossima, vado in Londra e poi a Brasile.
L: - Certo che tu con questa lavoro di hostess sei sempre in giro. Senti, quando ci vediamo?
F: - Questa sera non puoi. Sono a cena con i miei genitori. Sai, non li vedo mai...
L: - Perché non ci vediamo domani a pranzo?
F: - D'accordo. Va bene a mezzogiorno alla Taverna San Trovaso?
L: - Benissimo, a domani. Ciao.
F: - Buongiorno.

..... / 10

| 1 .... | 3 .... | 5 .... | 7 .... | 9 .... |
| 2 .... | 4 .... | 6 .... | 8 .... | 10 .... |

NOME:	
COGNOME:	
DATA:	
CLASSE:	

Totale ..... / 40

1. Osserva le vignette e scrivi il nome degli oggetti nel cruciverba.

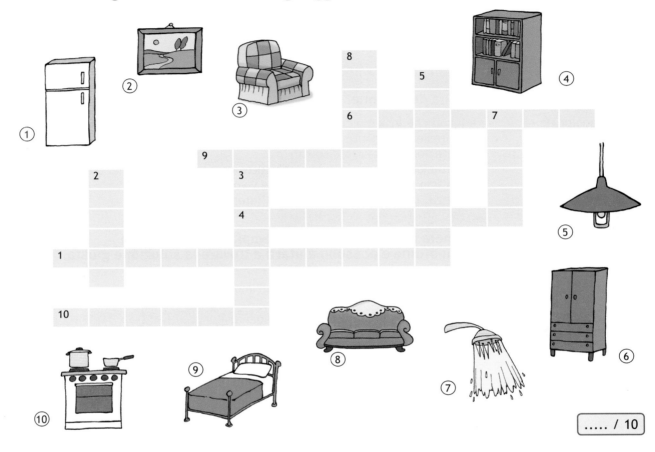

..... / 10

2. Osserva queste vignette. Sei oggetti non sono nello stesso posto. Trovali e scrivi dove si trovano come nell'esempio.

Vignetta 1

a ....
b ....
c ....
d ....
e ....
f ....

Vignetta 2

a ....
b ....
c ....
d ....
e ....
f ....

..... / 5

3. Elimina la parola che non c'entra.

1 televisione – radio – balcone – frigorifero
2 radio – foto – moto – stereo
3 città – bidè – possibilità – università
4 affitto – mutuo – vendita – tetto

..... / 4

4. Abbina la parola alla sua definizione.

1 monolocale   **a** locali che insieme costituiscono l'abitazione di una famiglia
2 mansarda   **b** abitazione elegante con un giardino o parco
3 appartamento   **c** abitazione di una sola stanza
4 condominio   **d** abitazioni per una sola famiglia tutte uguali, con uno o più lati in comune
5 villa   **e** edificio con parti in comune dove vivono più famiglie
6 case a schiera   **f** stanza, o stanze, d'abitazione all'interno di un tetto

..... / 5

5. Ordina il dialogo e numera le frasi come negli esempi. L'inizio e la fine della telefonata sono in ordine e possono aiutarti a trovare la soluzione giusta.

① *Impiegato:* - Hotel "Al Ponte" prego...
② *Cliente:* - Buongiorno, vorrei prenotare una camera matrimoniale con bagno
                per due settimane, in settembre.
○ C: - Bene. Purtroppo però in luglio posso solo una settimana.
○ C: - Dall'1 al 7 va bene.
○ C: - E in luglio?
○ I: - La prima o la seconda?
○ I: - Lo so, ma purtroppo per agosto e settembre ormai non c'è più un posto.
      Venezia è piena di turisti...
○ C: - Ma se siamo ancora in inverno!
○ I: - Mi dispiace, non c'è posto. Mi chiama troppo tardi.
○ I: - OK allora, lei è il signor...
○ I: - Sì, è fortunato. C'è una matrimoniale libera dall'1 al 15.
⑫ C: - Wessner, Theo Wessner
⑬ I: - Allora Wessner... prima settimana di luglio... matrimoniale con bagno.
      Ecco fatto Signor Wessner. Tutto a posto. A presto allora e grazie.
⑭ C: - Grazie a lei, arrivederci.

..... / 10

6. Osserva la pianta di questo appartamento e scrivi a un tuo amico una breve lettera con una descrizione.

Caro Michele, finalmente ho un appartamento a Roma, così puoi venirmi a trovare quando vuoi. La casa è abbastanza grande, quando entri dalla porta

....
....
....
....

terrazza
salotto
bagno
camera da letto
cucina
corridoio
camera da letto
balcone

..... / 6

| NOME: |
| COGNOME: |
| DATA: |
| CLASSE: |

Totale   ..... / 40

1. In questa tabella ci sono sette avverbi di frequenza. Trovali e scrivili come nell'esempio. Le parole possono essere in orizzontale, in verticale o in obliquo.

```
Q  A  U  T  R  A  S  B  U  D  S
U  U  A  S  V  O  L  T  E  A  N
A  M  F  S  A  D  B  T  H  P  S
S  I  L  S  P  C  N  R  N  O  E
I  D  O  F  N  E  F  H  V  L  M
B  A  I  A  M  N  S  N  S  C  P
M  H  I  A  H  M  B  S  A  H  R
A  B  R  O  R  T  V  P  O  F  E
I  A  I  L  C  H  C  O  C  V  D
R  F  L  D  I  S  O  L  I  T  O
Z  V  N  O  L  P  N  M  G  N  I
```

1 ....
2 ....
3 ....
4 ....
5 ....
6 ....
7 ....

..... / 6

2. Completa i dialoghi con l'aggettivo o il pronome possessivo come nell'esempio.

1 - Anche ..... la sua ..... casa ha un giardino?
   - Purtroppo no. ..... la mia ..... ha solo una piccola terrazza.
2 - Signor Dusi, sono queste .... chiavi?
   - Sì, sono proprio .... grazie.
3 - .... genitori sono italiani?
   - .... madre sì, di Bologna, ... padre, invece, è marocchino.
4 - Vieni spesso in questo bar?
   - No, qualche volta di sabato, con .... ragazzo.
5 - Allora, vengono Sandro e Chiara?
   - Sì, vengono con .... amici di Boston.
6 - Anche .... vicini sono così rumorosi?
   - No, ... per fortuna sono quasi sempre in viaggio.
7 - È veramente un grande artista. .... quadri mi piacciono molto.
   - Anche a me, ma sono un po' troppo cari per .... possibilità economiche.

..... / 11

3. Associa correttamente domanda a risposta come nell'esempio.

1 - Quando vai a letto di solito?   a - Dalle nove alle diciannove e trenta.
2 - Quanti ne abbiamo oggi?   b - Sabato.
3 - Che ore sono?   c - Dopo mezzanotte.
4 - A che ora ti svegli?   d - Alle sette.
5 - Che orario ha il supermercato?   e - La domenica e qui anche il giovedì pomeriggio.
6 - In quale giorno i negozi alimentari sono chiusi? f - È il dieci dicembre.
7 - Che giorno è oggi?   g - Le undici e un quarto.

..... / 6

4. Osserva gli appunti di una pagina dell'agenda di Marco e su un foglio descrivi che cosa deve fare lunedì.

LUNEDÌ 28
- ORE 8: RIUNIONE IN UFFICIO
- ORE 11: TELEFONARE A MARIA PER CENA
- ORE 13: PRANZO CON CLIENTI DI MILANO
- ORE 16: ANDARE IN PALESTRA PER ISCRIZIONE
- ORE 17.30: PASSARE DALLA MAMMA
- ORE 20: CENA CON MARIA?

LUNEDÌ MARCO SI ALZA PRESTO PERCHÉ ALLE 8.00...

..... / 10

5. Completa il testo con i verbi indicati come nell'esempio. A volte si ripetono.

Laura e Gino ....si.svegliano...... sempre alle sette. Lei .... subito la doccia, lui invece
.... il caffè. Poi .... colazione insieme. Mentre Gino ....,
Laura rifà il letto e .... poi, verso le otto, ... insieme.
Laura lavora all'ospedale come medico. Spesso la sera torna a casa tardi, ma il suo lavoro le piace
molto. Gino invece è architetto e di solito la mattina .... sua moglie al lavoro.
Poi .... nello studio dove lavora con altri due colleghi. Qualche volta, se Laura ha tempo,
.... insieme in una trattoria vicino all'ospedale. Gino .... di lavorare
verso le cinque. Arriva sempre a casa prima di sua moglie, verso le sette, e prepara la cena.
Ha la passione della cucina ed è un cuoco molto bravo. A volte .... amici e spesso
il fine settimana .... al cinema o a qualche concerto, soprattutto di jazz o blues.

> svegliarsi, andare, preparare, finire, lavarsi, fare,
> accompagnare, vestirsi, uscire, pranzare, invitare

..... / 12

6. Controlla l'orario di alcuni treni tra Venezia e Roma e rispondi alle domande. Scrivi i numeri in cifre (7, sette).

ORARIO DEI TRENI VENEZIA-ROMA	9443 ES 1 e 2	2235 IR 1 e 2	9445 ES 1 e 2	31 EC 1 e 2	9447 ES 1 e 2	2243 IR 1 e 2
Venezia	12.30	13.10	14.30	16.04	16.30	17.10
Mestre	12.42	13.22	14.42	16.17	16.42	17.22
Padova	13.00	13.44	15.00	16.35	17.00	17.44
Monselice		14.03				18.03
Rovigo	13.26	14.17	15.26	17.01	17.26	18.16
Ferrara	13.45	14.37	15.45	17.20	17.45	18.37
Bologna	14.19	15.10	16.19	17.55	18.19	19.10
Firenze	15.20	16.27	17.20	18.59	19.20	20.49
Roma Termini	17.05	18.30	19.05	21.15	21.05	22.35

1 Nello stesso giorno devi programmare un appuntamento di lavoro a Rovigo nel pomeriggio e hai un invito a cena a Roma dove ti fermi per il fine settimana. Sei a Venezia, come ti organizzi? Quali treni prendi?

....

2 Laura abita a Ferrara, ma studia all'università di Bologna. La sua casa si trova a circa mezz'ora dalla stazione ferroviaria. A che ora deve uscire di casa per essere a Bologna verso le 16.30? Quale treno deve prendere?

....

3 Stefano e Laura vivono a Padova, ma lui lavora a Venezia. Ogni giorno Laura quando finisce di lavorare, alle 17.00, corre subito alla stazione a prendere Stefano per tornare a casa insieme. Secondo te, a che ora parte Stefano da Venezia?

....

..... / 5

NOME:
COGNOME:
DATA:
CLASSE:

Totale ..... / 50

1. Leggi gli ingredienti di queste ricette e completa la scheda come nell'esempio.

Per preparare la mozzarella con gli ortaggi ti servono...

	del	dello	della	dell'	dei	degli	delle
pomodori							
mozzarella							
cipolla							
peperoni							
sedano							
zucchine							
carote							

Mozzarella con ortaggi

12 fette di pomodoro
12 fette di mozzarella
250 gr. tra cipolla, peperoni,
sedano, zucchine, carote

Per preparare gli spaghetti aglio e olio ti servono...

	del	dello	della	dell'	dei	degli	delle
spaghetti							
aglio							
olio di oliva							
sale							
pepe							
prezzemolo							

Spaghetti aglio e olio

500 gr. di spaghetti
6 spicchi d'aglio
olio di oliva
sale, pepe, prezzemolo

Per preparare la torta di mele ti servono...

	del	dello	della	dell'	dei	degli	delle
mele							
farina							
zucchero							
uova							
lievito							
latte							
limone							
burro							

Torta di mele

800 gr. di mele
200 gr. di farina
150 gr. di zucchero
3 uova
25 gr. di lievito, latte,
burro, limone

..... / 21

2. Metti in ordine le seguenti frasi.

1 il in spesso con pizzeria fine vado amici settimana gli

....

2 di vorrei un due prosciutto di pacco e zucchero etti

....

3 primo dei a solito pranzo contorni di solo prendiamo un e

....

4 quinta banca la di destra Paolo è la a dopo la casa

....

..... / 4

3. Associa i dialoghi alle vignette. Fa' attenzione, due vignette non c'entrano.

1 - Buongiorno, c'è un tavolo per due?
  - Prego, accomodatevi pure. A destra, vicino alla finestra, va bene?
2 - Io di primo prendo un risotto di pesce. E tu Anna?
  - Io preferisco una zuppa di verdure. La dieta...
3 - Perché non prendiamo anche due spaghetti alla carbonara?
  - D'accordo. Poi di secondo per me solo un'insalata mista, grazie.
4 - È Paolo. Vuole sapere se ci vediamo dopo, verso le cinque...
  - Per me va bene. Nel pomeriggio sono libero.
5 - Allora, ti piace questo ristorante?
  - Sì, però scusa, mi sembra un po' troppo caro.
6 - Tutto bene Signori?
  - Sì, grazie, però questo non è il mio conto!

1	2	3	4	5	6

..... / 6

4. Leggi questi consigli per cuocere bene la pasta e mettili in ordine secondo il senso.

a Quando l'acqua bolle buttate la pasta. Aggiungete quindi da sei a dieci grammi di sale per ogni litro d'acqua.
b Scolate subito la pasta per togliere l'acqua e aggiungete il sugo.
c Quindi spegnete il fuoco quando sentite che la pasta è al dente, cioè cotta, ma ancora consistente.
d Dopo alcuni minuti controllate la cottura con la prova di un po' di pasta sotto i denti.
e Mettete sul fuoco acqua abbondante, circa un litro per cento grammi di pasta.
f Servite la pasta ben calda.

1	2	3	4	5	6

..... / 6

5. Associa le parole di ogni colonna per ottenere delle frasi con senso compiuto e scrivile come nell'esempio. Ci sono più possibilità.

Io	vengono	sempre la spesa al mercato.
Voi	pranzate	spesso la sera con la sua ragazza.
I miei genitori	faccio	di una vacanza.
Io e Franco	hai bisogno	mai a lavorare il sabato.
Marco e Luisa	non va	da Milano, ma io preferisco vivere a Roma.
Lei	esce	raramente al cinema.
Il mio amico	andiamo	sempre al ristorante.
Tu	vivono	a Firenze da un anno.

..... / 8

NOME:	
COGNOME:	
DATA:	
CLASSE:	

Totale ..... / 45

1. Leggi gli appunti dell'agenda di Luisa e scrivi che cosa ha fatto la settimana scorsa come nell'esempio.

	lunedì	martedì	mercoledì	giovedì	venerdì	sabato	domenica
Mattina	Pagare telefono		Chiamare idraulico		Spese		Tennis
Pomeriggio			Riunione ufficio	Prendere appuntamento col dentista	Chiamare Paola		
Sera		Cinema		Viene Paola		Cena da Mario	

1 ....Lunedì mattina Luisa ha pagato il telefono........

2 ....

3 ....

4 ....

5 ....

6 ....

7 ....

8 ....

9 ....

10 ....

..... / 9

2. Le lettere del participio passato si sono mescolate. Scrivile correttamente e completa le frasi come nell'esempio.

1 Martina ha (R O S P E) ......*perso*...... le chiavi di casa.

2 Isabelle non ha ancora (R O S T I P S O) .... alla lettera dei suoi genitori.

3 Marta e Gianni hanno (N I V O T) .... molti soldi al casinò.

4 A Marco non è (I C U T O P I A) .... il film di ieri sera.

5 Paola, hai (S O C H I T E) .... a che ora parte l'aereo?

6 Anna e Mario hanno (S T U V I S O) .... per due anni a Londra.

7 Michele non ha ancora (D I C S O E) .... dove andare in vacanza.

8 Ida è (A M I S T A R) .... due ore al telefono.

..... / 7

3. Metti in ordine le seguenti frasi.

1 è - l' - primavera - a - Londra - stata - scorso - Maria - in - anno

....

2 ha - giorni - mi - di - Paola - due - fa - telefonato - sera

....

3 tempo - la - ho - scorsa - molto - libero - non - settimana - avuto

....

4 amiche - a - cena - Michela - è - con - la - piaciuta - le - molto

....

..... / 4

4. Osserva le vignette e racconta che cosa è successo ieri a Elena.

Come ogni giorno ieri Elena è tornata a casa dal lavoro verso le sei di sera, ma quando ....

....

....

....

....

..... / 10

5. Nel diagramma sono nascosti 10 participi passati irregolari. Trovali e scrivili con vicino il loro infinito. Osserva l'esempio.

```
A C O R S O U D S A T V O
S I O F D S A B N V R O R
I N C S F N E C H I A A O
U L R D A A V C S S D L P
M U N R D T O A R B O T O
U N I R S O F F E R T O A
O N D E S T A R R E T N U
B R A S T I N A T O O S E
N O E U S S A R I E N N A
O M S C T I S S C E L T O
N A I C F I O B O S D T R
L A V E C R A M T U T C A
C A R S T C H I T U N O R
P R I S P O S T O A C T E
U N S O A N E I L R A T O
P O T S A C C T L E T T O
```

	participio	infinito
1	corso	correre
2		
3		
4		
5		
6		
7		
8		
9		
10		

..... / 9

6. Come passano queste persone il loro tempo libero? Associa a ogni frase un nome corrispondente come nell'esempio. Fa' attenzione: due nomi non c'entrano.

1 Mario ama la natura.
2 Laura ha la passione per i gialli.
3 Francesco si interessa di oggetti antichi.
4 Elena non può stare lontano dall'acqua.
5 A Paola piace conservare ricordi di bei momenti passati.
6 Bianca vuole sempre provare cibi diversi.
7 Ida e Gianni hanno la passione del ballo.

a ristorante
b giardinaggio
c discoteca
d lettura
e piscina
f palestra
g fotografia
h museo
i teatro

..... / 6

NOME:
COGNOME:
DATA:
CLASSE:

Totale ..... / 45

2. Sai qualcosa sulla geografia dell'Italia?

Esempio: **A** : *Dov'è Bologna? È in Sicilia?*
B : *No, non è in Sicilia. È in Emilia Romagna.*

Esempio: **A** : *Dov'è Perugia? È in Umbria?*
B : *Sì, giusto!*
Oppure
Non lo so.

PERCORSO 3
STUDIARE E LAVORARE

 8. Lavora con un compagno. A turno fate domande e date risposte per completare le informazioni personali delle persone nelle foto.

Nome	Inge
Cognome	Moeller
Nazionalità	Tedesca
Età	20
Indirizzo	Wichernstrasse 18. Erlangen
Numero di telefono	323569
Lavoro	Parrucchiera
Stato civile	non sposata
Lingue straniere	Francese
Patente	Sì

Nome	Hans
Cognome	Meyer
Nazionalità	Tedesca
Età	19
Indirizzo	Wichernstrasse 18
Numero di telefono	323569
Lavoro	Idraulico
Stato civile	non sposato
Lingue straniere	Nessuna
Patente	Sì

 7. Lavora con un compagno. Fate delle domande. Rispondete con gli articoli determinativi.

1 Chi compra prodotti in un negozio?

2 Chi aiuta il medico?

3 Chi costruisce case?

4 Chi vende carne?

5 Chi lavora in casa?

6 Chi serve i clienti in un ristorante, bar, pizzeria?

RUOLO B

2. Sai qualcosa sulla geografia dell'Italia?

Esempio: A : *Dov'è Bologna? È in Sicilia?*
B : *No, non è in Sicilia. È in Emilia Romagna.*

Esempio: A : *Dov'è Perugia? È in Umbria?*
B : *Sì, giusto!*
Oppure
Non lo so.

RUOLO B

8. Lavora con un compagno. A turno fate domande e date risposte per completare le informazioni personali delle persone nelle foto.

Nome	Pedro
Cognome	Alvarez
Nazionalità	Spagnola
Età	20
Indirizzo	Calle del Puente 3; Granada
Numero di telefono	2456312
Lavoro	Impiegato
Stato civile	non sposato
Lingue straniere	Inglese e portoghese
Patente	No

Nome	Ana
Cognome	Perez
Nazionalità	Spagnola
Età	20
Indirizzo	Calle Colòn 21, Granada
Numero di telefono	67521134
Lavoro	Commessa
Stato civile	non sposata
Lingue straniere	Inglese
Patente	Sì

7. Lavora con un compagno. Fate delle domande. Rispondete con gli articoli determinativi.

1 Chi lavora in un ufficio o in banca?

2 Chi ripara le macchine?

3 Chi cura i malati?

4 Chi arriva in macchina quando i clienti chiamano?

5 Chi lavora in un negozio, vende cose ai clienti?

6 Chi produce frutta e verdura?

PERCORSO 4
LA FAMIGLIA

6. Insieme a un compagno, a turno chiedete e dite di chi sono gli oggetti nelle figure.

Di chi è / sono? ...   - È / sono di ...

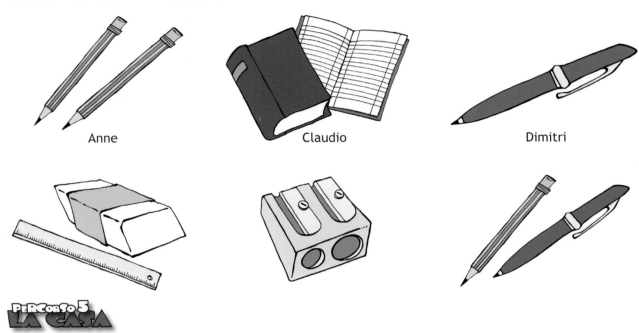

Anne   Claudio   Dimitri

PERCORSO 5
LA CASA

10. Descrivete le stanze e fate domande per trovare le differenze. Ci sono 10 differenze.

- Nel tuo soggiorno c'è una lampada?   - Sì, è vicino a / a destra / dietro...   - No.

 PERCORSO 4 LA FAMIGLIA

💬 **6. Insieme a un compagno, a turno chiedete e dite di chi sono gli oggetti nelle figure.**

Di chi è / sono? ...   - È / sono di ...

Stella

Andreas

Malcolm

 PERCORSO 5 LA CASA

💬 **10. Descrivete le stanze e fate domande per trovare le differenze. Ci sono 10 differenze.**

- Nel tuo soggiorno c'è una lampada?   - Sì, è vicino a / a destra / dietro...   - No.

NOTE

NOTE

NOTE

Finito di stampare nel mese di ottobre 2005
da Guerra guru s.r.l. - Via A. Manna, 25 - 06132 Perugia
Tel. +39 075 5289090 - Fax +39 075 5288244
www.guerra-edizioni.com
geinfo@guerra-edizioni.com